僻知術：
一種關乎意識、潛意識與集體潛意識的「收料術」（接收資料的技術）

易經實驗：
以「易經占卦」作為「收料術」的實驗。

目錄

"bites through tender meat"

*xy*序

書寫「易學」，是需要膽量的。

成書之前，已見到作者在網頁上發表零星散落的研究心得，當時已看出要讀好多書才會交到出來的讀書報告，現在重新組織整理成書，信我，這是一本實用非常的「易學」手冊。

作者由當初有興趣學「易」，跟著以個人實踐方式去用「易」，之後用測試的實驗方式去深化認識「易」。現在刊出來的每篇文章，都以一個概念作為引發點，然後從群書博覽中找出對證，在本本厚書之中以三言兩語間套取精華字句，於萬卷書中同大家一起去尋覓入「易」的金鑰匙。而且更將關於「易學」大觀園的古今華洋學說，匯聚於一本書之中，文字簡潔，深入淺出，成書之後甚有查閱的價值，是可以供給愛「易」人士的懶人包。

還有此書刻意退至用一個人的私家眼光來書寫「易學」，以閒情偶寄方式，建立一種遊樂性的語境，我想目的是作者想大家在閱讀此書時，雖看出涉獵很多經典，但還望大家別太認真。事實上閱讀此書時，也會覺得「易學」原來有方法變成很容易學的。而且作者往往在書寫文筆中，有不少感情流露，不認識作者是誰的讀者朋友們，可從書中窺探出作者這個人的人情味。

現時應該是學習「易變」的時刻，從「先天卦」至「流行卦」的「大易」系統，至微塵刹那間變幻無定的「轉易」系統，至此書用一個人的生活面對的「鮮活化易」系統，如今人人都可以把「易學」來更新演繹，大家有興趣的話可以見步行步的把「易學」重新理解。而且現時學「易」最緊要是要懂得「易化」的功能，「易化」是道學的基礎本源。

以探討道學的「形氣神虛」的理論，套入現在地球化學的基因異變，「易學」已不再純粹是一種運算工具，可能是帶我們重新認識由盤古至當代的形氣變化的一種門路，在隨時變幻的時空中，內裡應該有個超穩定的運作系統，包括意識系統，而且「易」極有可能內在自有超意識，分分鐘比我們智人更有自由意志。

此書以23篇題目作為書寫列序，亦可以當成是作者先為他的「易經實驗報告」事先設計一套完整的基因鍊，令這次初寫行動有個鮮活起來的步署，故以此篇「ＸＹ序」來個真心的回應：

你的實驗報告是活化的，如推算起來，是仍有下續的。

紀陶
資深電影編劇、影評人
經典網台節目《神秘之夜》主持

沒有神秘的面紗

《易經》對於很多城市人來說，都是絕不易明的上古知識，在東方神秘學裡更是一門大學問！我喜愛的科幻作家Phillips K.Dick，就是一位沉迷易卦的奇人。香港保存很多傳統知識，《易經》漸漸地影響着多少世代的香港人！不少國學宗師都有研究、解讀《易經》。

得知好友Wells這本以個人認知，嘗試用入世的方式，深入淺出地道出他對《易經》的見解。沒有神秘的面紗，但卻藏有《易經》背後哲理。人類對天地的感應，天地給人類的答案，世俗凡人追求未來的結果。說白一些，全是我們對未來的不安和恐懼，希望尋求一個解決方法和自身的道路。

這本談論《易經》的作品不是一本工具書，而是從自身的經驗對《易經》的見解：**《易經》怎樣開導人，如何從學問轉化成安身立命的價值觀！**不過讀者不要被嚇怕，因為這本是入世的書，非常易讀，很多內容都是我們非常關心的題目：「香港未來」、「世界末日」，甚至「時間」、「速度」，這本著作都有嘗試用《易經》尋求答案。

終極答案，相信要讀者自己尋找吧！

關加利(Gary)

網台神秘學節目《無奇不有》及音樂節目《音樂次文化》主持
《深層揭密》、《納粹陰謀》、《深層政府》、《光明卡與光明會》作者

同是「陶門」學生

跟Wells兄相識十載，我倆同是「陶門」學生，一直知道他是一個「易經迷」。

我不太懂《易經》，卻懂得「易經塔羅」，不知道是不是這個原因，令Wells兄誤會了我是「易經能手」，邀我寫序。

《易經》是什麼？它是一門博大而精深的學問。要學習它，我相信要數以十年計，而且要專研，否則不會明白箇中道理，所以我很佩服這位朋友。

很高興知道Wells兄要出書，此書花了他一年多的時間，以簡單而有趣的文筆去提起讀者對《易經》的興趣，不至於卻步，這點我可以保證。

希望Wells兄此書一紙風行。

陶貓貓
網上電台「遊花園Gartentour.live」台長
《鬼域貓瞳》、《鬼哭神怒》、《靈類都市》、《神道貓瞳》作者

對神秘學有一顆赤子之心

估不到，竟然有人夠膽再找我寫書序，多謝Wells俾機會我執筆。

2012年是一個非常特別的年份，除了有記錄的瑪雅曆疑似終結的年份，亦有不少神秘學愛好者認為是人類歷史的終結；當然，更重要是「真是神秘調查班」開課的日子。神奇地透過「神秘調查班」，結識了十一位對神秘學十分熱衷的同學（「十二門徒」不知在《易經》中有何啟示），而直到現在仍對神秘學有一顆赤子之心的只有數位，Wells是其中之一。數年前，因緣際會開始了主持網台節目「電影誘讀」，開啟了另一門路：「電影神秘學」，竟發現大家在主持節目時甚有默契，甚是奇妙。

論到思想取向，Wells傾向道家思想及《易經》占卜；無獨有偶，筆者年輕時亦曾經對陰陽、五行學說好奇，整個暑假在圖書館尋根究底，但資質有限未能領悟箇中道理，Wells多年對《易經》研究後總結的「易經實驗報告」，正好解決筆者多年來對《易經》的疑團。

阿標(「真是神秘調查班」班長)
網台節目「電影誘讀」、「奇論怪」、「吹水人間」主持

哪有這麼巧合？

坊間罕有，除了是資訊性的《易經》書籍之外；
還是赤裸裸揭露一個《易經》修行者的心路歷程，
當中富有睿智的沉思及與中西占卜系統(如「塔羅」)的對比及聯想。

作者Wells是我的好友，
一個是塔羅師/神秘學YouTuber，
一個是研究《易經》的人，
兩個人也是喜好電影及書籍之人，
共同生活在這個華洋共集的都市中。
我倆見面時的話題，
總是離不開「塔羅」與《易經》的互相觀摩/分享；
在浩瀚無盡的知識之海，
穹蒼渾沌的世界之中，
嘗試窺探一些奧義及規律。

我倆互相學習，感謝他，
我也嘗試把東方《易經》的一些理論應用在「塔羅」之中。

好玩的，並不是我們已經找到什麼，
而是那些模模糊糊的，
好像窺探到什麼，但又不是精準科學，
無法簡單的斬釘截鐵去說明的那些抽象概念；
那些概念，
又好像是跨越不同時代、不同民族，
有不同的語言說出相似的「東西」，
有種殊途同歸的感覺。

如果說真的有「神」的話，

真理應該是隱藏在「測不準定理」之中。

都市人貪求快、方便及即食，
追求三言兩語的關鍵字式陳述，
以為真的「有圖有真相」，
以為在YouTube看了幾分鐘簡介就是看了那套電影及書籍，
查一個「維基」就以為自己學貫東西，
最多「like」、最多人提及的事就是「事實」；
科技及資訊，越來越多，越來越快，
我們處理抽象的能力卻越來越低。

真理是不是越辯越明，
我不知道，
但肯定的是非常花時間及精力去尋找，
請大家珍惜很花時間去研究又謙虛的有心人。

有幸認識到作者Wells，
在此再次恭喜他的研究能集結成書。

《易經》又好，「塔羅」又好，
除了表面的算命占卜之外，
應該同時也是**一門開發思維、承傳古代奧義及不斷進化中的工具。**

希望我們能找到更多共鳴知音。

PS: 對，那個發生過「雙重共時性」的那個人，就是我 -
1) 那天我邀請你當我「偽腔」節目的嘉賓
  ([#偽腔] #金花秘密 #心理學#榮格 竟然來自東方 #全真教? #金花的秘密究竟係?
  #共時性，#坎離交媾 & #呂洞賓，#太乙金華宗旨，點解 #出火 都關事? [#蠍子
  王])之時；

2) 剛巧你就為這本書寫「共時性」那一篇。
3) 而我倆的「共時性」就這樣發生了。

世界，就是那麼巧合，
還是，哪有這麼巧合？

祝大家「思考」快樂！

最後，
茫茫宇宙包九州，
世事存亡難妄求；
萬物紛爭數不盡，
不如送上一首歌詞節錄給大家：

命運路線兜兜轉轉 該登上哪班機
平行在宇宙間 應該有萬千個你
如何做到每個決定
也自覺了不起

安心選好了
不必再對比
幸福沒定理

-《哥本哈根的另一個我》

蠍子王Eden
塔羅師@「彼岸塔羅」
塔羅牌設計者
神秘學節目「偽腔」、「午夜夢迴」、「塔羅背後」YouTuber

假若

假若沒有Gary最初的提議；
假若沒有陶貓貓後來的促成；
假若沒有紀陶老師「神諭」一般的意見；
假若沒有「筆求人工作室」冒險的出版；
假若沒有處女座的太座無條件的讚譽；
雙子座的筆者未必會真的去寫一本書 – 即使在上世紀曾經說過，想在30歲前出一本關於《易經》的書。

另外，有幾位與本書有緣的人士，也必須特別鳴謝：
1) 在報酬不明的情況之下，幫手製作圖解的Cheung Kid；
2) 親手為筆者製作了印章的阿標；
3) 將「Wells」音譯做「唯是」的林瀝。

在此衷心希望，花了精神/時間/金錢(次序自定)的讀者諸君，可以在這本「因緣和合而生」的書中，找到「值得一讀」之處。

先旨聲明：這本書不是「白話易經」，也不是「占卦入門」。

唯是(Wells)
「易經實驗道場」場主
網上電台節目的「佛系」主持

首先，筆者不是出身於學院派，亦無正統的《易經》師承。除了2011年上過一個「易經塔羅班」之外，並沒有在任何學院讀過相關的課程。另外，2012年上過一個「真是經典神秘學課程」，礙於個人資質，只學到一丁點的「紀陶流僻知術」(與某位同學私下命名的)，所以不敢妄稱師承。由於從未有過撰寫論文的經驗，因此不太懂得嚴謹的論証技巧。一本書稿的資料確認、概念釐清、文字運用，對於筆者這樣的「寫作素人」，絕對是不只一項的挑戰；反之，閱讀本書，對於讀者諸君，恐怕亦是如此。

其次，筆者不是專業的現職占卜師/玄學家。過去，只以實驗名義替朋友或朋友的朋友占卦，事後再以「飲茶食飯」當作「能量交換」- 早期不知有此規矩，所以更加只是純為興趣的「無償服務」。同樣是基於個人興趣，獨沽一味的研究《易經》(連《易傳》也略過)，對於「風水命理」的「玄學」只有一知半解(魏晉玄學倒略知一二)，「法科」方面又一竅不通(更遑論「神通」)。如果稱呼筆者為「師傅」，恐怕會被真正的行家非議。

再者，筆者不是一個神準的「占者」，例如：「低估」了2020年持續至今的某「大事件」。雖然自2008年開始，正式做「易經實驗」的紀錄(之前只留下了無系統的零碎紀錄)，卻沒有就「準確率」做過正式的統計。況且，筆者所做的「實驗」算不上嚴謹——從早期對於「準確度」還有多一點的客觀要求，到現時反而對於「滿意度」有更大的主觀要求——有意無意之間，「問題」被設定得越來越「個人」，筆者也越來越滿意「實驗」的成果，亦越來越懂得細味「個人與易占」之間的「答問」。反正沒有本事「擺檔搵食」，靈驗與否，也不會影響筆者繼續進行的「實驗」。

最後，筆者不是一個博學強記的研究者——連大約5000字的《易經》卦爻

辭也一直未能背誦——而只是一個學《易》多年的業餘愛好者。1986年，在旺角某二樓書店，買了一本被喻為「東方第一智慧」(這部份可能只是「虛構記憶(false memory)」)的《白話易經》(孫振聲著，1981年初版)。原本只知《易》名，不知《易》實的筆者，翻開書本之後，立刻被「六十四卦」那種「窮盡可能性(exhaust possibilities)」的「陣」勢懾服了。自此之後，找書閱讀、做筆記、上網收料、做實驗，一直嘗試建立一套自己的「易經之用」。另一方面，筆者與平面設計工作頗有緣份，曾經畫過一批《易經》的畫，又沾過一點「塔羅(Tarot)」圖像理論的皮毛。當發現《易經》卦爻辭在「篆書模式」之下，顯示出更多正體漢字的「圖譜」訊息，再配合《說文解字》(許慎著於東漢時期)那種「陰陽二元、天人相應的自然觀」的文字「基因」訊息……之後，總算完成了筆者的「易筆記4.5版」。剎那之間，以往所學的開始忘記了，所以懇請不要考筆者的記性。至於，這一本書……

有怎樣的筆者，就有怎樣的書。

"hidden line"

Kapitel 1

"hesitation and hindrance"

XX001 ——「《易經》是什麼？」

根本的說法：一本有幾千年歷史的「占」書。

與《詩經》、《尚書》、《禮記》和《春秋》合稱為儒家經典的「五經」（也有包括《樂經》在內的「六經」之說，但《樂經》現已失傳），亦與老子的《道德經》和莊子的《南華經》合稱為道家玄學的「三玄」。由於對諸子百家的學說影響深遠，因此更被後世喻為「**群經之首**」。

相傳為周文王姬昌（生於公元前1125年，卒於公元前1051年）所編著，故又名為《周易》。

「易」字，據《說文解字》所言，解作「蜥蜴」——即是變色龍，膚色可以隨環境作出轉變。亦有所謂「日月為易」，引伸為陰陽變化之象。而根據甲骨文的考究，字體形似「一個容器注水於另一個容器」，可以假借為「交易」的意思。另外，亦有哲學方面的說法：「**簡易，變易，不易**」。總體而言，《易經》可以說是一本「**變化之書**」，所以傳至西方世界之後，英語文化圈大多會譯作《**I Ching: Book of Changes**》。

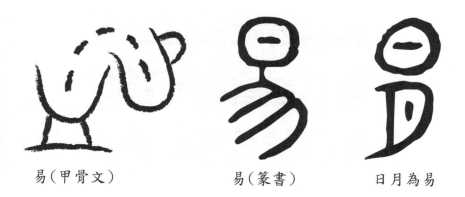

易（甲骨文）　　　　易（篆書）　　　　日月為易

《易經》的最基本內容，包括**64組卦畫**、**64條卦辭**和**386條爻辭**（可參閱「附錄：《易經》（通行本再排序）」），相傳著作於三個不同的時代。

64卦

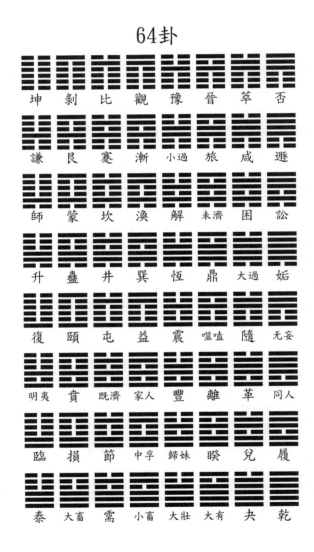

坤	剝	比	觀	豫	晉	萃	否
謙	艮	蹇	漸	小過	旅	咸	遯
師	蒙	坎	渙	解	未濟	困	訟
升	蠱	井	巽	恆	鼎	大過	姤
復	頤	屯	益	震	噬嗑	隨	无妄
明夷	賁	既濟	家人	豐	離	革	同人
臨	損	節	中孚	歸妹	睽	兌	履
泰	大畜	需	小畜	大壯	大有	夬	乾

卦畫：卦者，掛也；由六畫稱作「六爻」（爻者，交也）的，代表「陽或陰」的連線或斷線（從考古文物中發現，早期是橫線或折線）所組成的符號。相傳先有上古時代的伏羲氏，於黃河見龍馬負圖，受啟發而畫八卦（三畫卦 - 2的3次方等如8），後有商朝西伯侯姬昌（周朝時追封為周文王）推演為六十四卦（六畫卦 - 2的6次方等如64）。

伏羲先天八卦

卦辭：包括卦名與解說卦畫的文字，相傳為西伯侯被紂王囚於羑里時，推演六十四卦後所作。

爻辭：解說卦中六爻(六畫)的陽爻變陰爻(連線變斷線)或陰爻變陽爻(斷線變連線)時的文字，每段文字的起首，依照由下而上的位置，稱作「**初九/六、九/六二、九/六三、九/六四、九/六五、上九/六**」；相傳為周文王之子周公姬旦（公元前1042年攝政）所作，因為據歷史學者的考究，部

份爻辭中的事件，應該是發生在周文王的時代之後，故有此說。本來64卦各有六爻，應該只有一共**384**爻，但「**乾**」、「**坤**」兩卦各有一個六爻皆變的「用九/六」，所以總數為386條爻辭。

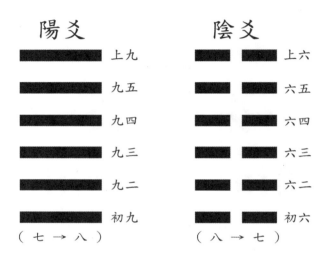

陽爻

▬▬▬▬▬	上九
▬▬▬▬▬	九五
▬▬▬▬▬	九四
▬▬▬▬▬	九三
▬▬▬▬▬	九二
▬▬▬▬▬	初九

（ 七 → 八 ）

陰爻

▬▬ ▬▬	上六
▬▬ ▬▬	六五
▬▬ ▬▬	六四
▬▬ ▬▬	六三
▬▬ ▬▬	六二
▬▬ ▬▬	初六

（ 八 → 七 ）

據說，因為《易經》是一本「占」書，所以避過了秦始皇的「**焚書**」之劫，得以流傳後世。世人亦以此書（包括後來面世的「太極」和「八卦」符號）為神物，相信可以**辟邪厭勝**。

《易經》「本身」的說法：以「易經」二字的「梅花易數」起卦，占得「升之師（**879888**）–升九三，升虛邑。」（本卦「升，元亨，用見大人，勿恤，南征吉。」之卦「師，貞，丈人吉，无咎。」）

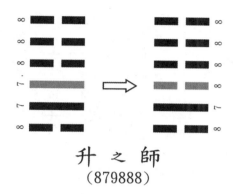

升 之 師
（879888）

在此說明一下：「**梅花易數**」，相傳為北宋易學家邵康節所創，其中可以筆劃起卦。「易經」二字分別是8劃和13劃，各自除以8，餘數分別是8和5；根據「先天卦數」（**乾一、兌二、離三、震四、巽五、坎六、艮七、坤八**），占得本卦為「**坤（888）**」上「**巽（877）**」下的「**升（877888）**」卦；再以兩字的筆劃相加，等於21劃，除以6之後的餘數是3，占得「升」卦的**第三爻變**（陽爻變陰爻），變成之卦為「**坤（888）**」上「**坎（878）**」下的「**師（878888）**」卦，這就是所謂的「**升之師（879888）**」。

至於數字「**879888**」：筆者參考古人未用卦畫之前，以數字標記卦爻的方式（七/八代表不變的陽/陰爻，九/六代表陽變陰/陰變陽爻）所使用的現代版標記，也就是本卦「**升（877888）**」變成之卦「**師（878888）**」的代碼。

以下是筆者嘗試透過文字的「基因圖譜」，對於卦爻辭的另類解讀：累積「十合」，量登「一升」；累積「十升」，量高「一斗」，意味著事

物的「逢十進一」。「法于天地」之人（有道者）從「卜中」有所發見，即是有悟性的人，可以從經驗中領略到事物的法則。

積極多用之時，「八家」為「一井」，「四井」為「一邑」，「四邑」為「一丘」，繼而累進至如「**虎**」（「虎」為「山獸之君」，額上有仿似「王」字的獸紋，亦可謂「百獸之王」）的「大丘」。「大丘」為眾「邑」之「大國」，「邑」本是「封域王制」之「小國」；然而「國」不論大小，皆有「王制」，引伸到事物皆有法則，亦可歸納為「**原型（archetypes）**」。如是這般，有經驗的人數也累積起來，實行各師各法，經略天下。

「占問」是古人十分重視的事情，除了主持儀式的「巫」之外，還有專責記錄的「史」，亦累積了大量的「**占辭**」（甲骨文正是其中的証明）。「史巫」應該逐漸從中發現到分門別類的「**模式（pattern）**」，並且意識到這些「模式」對應著現實世界的「**變化之道**」- 也就是所謂的「**易理**」。由於有些「史巫」本身又是王室貴族，所以不難動員大量人手和資源，分工合作地整理大量的「**占辭**」。經過可能是幾代人的時間和努力，終於編輯了一部「易占操作手冊」。往後的占者，通過參考其中歸納了的卦爻辭，加上各盡所能的演繹方法，在不斷臨場實証之下，應該也有

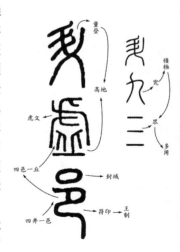

一定的準繩度和可信度，以至這部「操作手冊」亦逐漸被後人奉為神聖經典，成就了後世的「**易學**」。

以上的說法，無疑是把《易經》作者界定為一個**無名氏**集團，顛覆了傳統的說法。但所謂的「**人更三聖，世歷三古**」，近代學術界已有討論，認為此乃古人偽託神話或歷史名人的說法，以此假借權威而加強影響力。另外，有關「先有八卦，後重卦六十四」的說法亦有待商榷－**六畫卦**被發現早已記錄在商周時代的出土文物之中，而「**太極生兩儀，兩儀生四象，四象生八卦**」的概念則要到戰國末期，甚至是秦漢時代才流行。也許，六十四卦是無意間形成的，八卦反而是有意地做成的。

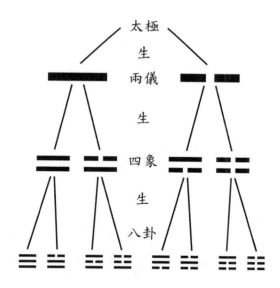

無論是有名無名、有意無意，本來存在於天地間的「**易理**」（「升」），透過人為的「**易經**」（「升虛邑」），衍生了錯綜複雜的「**易學**」（「師」）。

在筆者一人的世界裡，這就是《易經》的根本。

僻知訊息
經過可能是幾代人的時間和努力，「史巫」終於編輯了一部「易占操作手冊」。往後的占者，通過參考其中歸納了的卦爻辭，加上各盡所能的演繹方法，在不斷臨場實証之下，應該也有一定的準繩度和可信度，以至這部「操作手冊」亦逐漸被後人奉為神聖經典，成就了後世的「易學」。

XX002 —「一人有一本《易經》？」

廣義上，這是一個關於「不同的人對於同一本《易經》有不同說法」的課題。

查實，《易經》最初並非只有一本——是版本，不是複本——根據文獻記載：「**太卜掌三易之法，一曰《連山》，二曰《歸藏》，三曰《周易》，其經卦皆八，其別皆六十有四。**」關於「三易」的背景與內容，有以下的說法：

《連山》：神農氏，又稱烈山氏，亦即上古時代的炎帝所作，成書於夏朝（由於缺乏同時期的文字佐証，上古時代至夏朝的歷史難免跳脫）；以「艮」卦（象「山」）為首，「**象山之出雲連連不絕**」；有說水族（少數民族，使用類似夏曆的「水曆」）代代相傳的一本《水書》，可能就是現已失傳的《連山》。

《歸藏》：軒轅氏，即是上古時代的黃帝所作，通行於商朝；以「坤」卦（象「地」）為首，「**萬物莫不歸藏於其中**」；早年散佚，1993年有王家台秦簡出土，被認為當中包括了《歸藏》的內容。

《周易》：周文王所作，盛行於周朝，以「乾」卦（象「天」）為首，「**言易道周普，無所不備**」，一直流傳至今。近年發現的馬王堆漢墓帛書（1973-1974年）和戰國楚竹簡（1994年）的《周易》，雖然當中的部份文字和通行本有所差異，但內容在很大程度上也是一致的。

根據春秋《左傳》與戰國《國語》記載的占例，發現當中有些卦爻辭並非出自《周易》，而可能是出自當時，相對不太流行的《歸藏》或《連山》（甚至是不見經傳的其他版本）。然而，不論「三易」的卦爻辭是否

三《易》

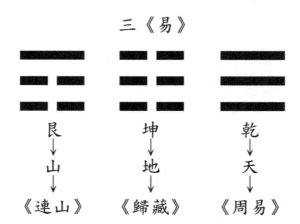

不同，作為「**原型（archetypes）**」的「六十四卦」應該也是不同版本的共同結構，所以也可以進行相同的「易占操作」。這可說是「**不同的人作出不同的易經，但仍是基於相同的易理**」的情況。

至於後來《周易》成為了主流的《易經》，這樣便回到了「**同一本《易經》**」的課題之中。

戰國時代的諸子百家，以儒家對於《**易經**》的論述—《易傳》—可謂最具代表性。這部又被稱為《十翼》的著作，內容如下：

《**彖傳**》上下篇：《易經》六十四卦及其辭（有傳周文王時已分上下經，而卦辭亦名「彖辭」）的論斷。關於「彖」為何物，有說：「**彖似犀而角小，知吉凶，耳大如掌，目常含笑，生於兩粵，東曰茅犀，西曰豬神，遇之則吉。**」也有說是一種可以利牙斷物之獸。

《**象傳**》上下篇：以一卦（六畫卦）的上下卦（三畫卦）之象作為總論，又稱《大象》。另外，又有分論六爻及其辭的《小象》。「象」如其名，就是一種遠觀可見其形的巨獸。

金文　　　　篆書　　　　楷書

金文　　　　篆書　　　　楷書

《繫辭傳》上下篇：繫於《易經》之後的「易理」概論，亦是將「占卦」提昇至哲學的層面，對於往後的「易學」發展十分重要。

《說卦傳》：說明八卦的象徵意義，亦是傳統解讀卦爻辭的重要資料。

《序卦傳》：說明六十四卦「**二二相偶，非覆則變**」的排序意義，是最經典的模式。

《雜卦傳》：以兩卦相錯（卦畫相反）或相綜（卦畫顛倒）的模組，描述相對的概念。「雜」字有「五彩相合」、「參錯」和「聚集」之意。

《文言傳》，特別論述六十四卦之中，代表「**天地**」的「**乾坤**」二卦。

《十翼》（七個部份，十篇文章）作為輔助《易經》的「羽翼」，相傳乃是儒家奉為聖人的孔子（生於公元前551年，卒於公元前479年）所作。

「晚而喜《易》，序《彖》、《繫》、《象》、《說卦》、《文言》。讀《易》，韋編三絕。」但當今學術界普遍認為，這是戰國末年至秦漢時期儒家的「集體創作」，箇中甚至滲雜了道家和陰陽家的思想（諸子百家又難免沒有「易理」的思想）。無論如何，漢代獨尊儒術之後，「經傳合一」的「易經」，也就成為了儒家的一本《易經》。

歷史長河之中，注釋《易經》幾乎是所有文人學者的一大事業，其間的「易注」可謂汗牛充棟。當中有些著作的解說，對後世影響深遠，在此很值得一提：

《周易注》：三國時代的曹魏玄學家王弼（公元226至249年）所著；有「**得意忘象**」之說，帶有道家玄學氣息；另有著作《老子道德經注》。

《伊川易傳》：北宋理學家程頤（公元1033至1107年）所著；發揚「易學」中的道德和義理，排斥《周易注》中的「老子異端」。

《周易本義》：南宋理學家朱熹（公元1130至1200年）所著；肯定「易占」的作用，在書中附錄「**河圖**」、「**洛書**」和「**先天八卦圖**」。

《周易禪解》：明代高僧**蕅益智旭**（公元1599至1655年）所著；自序有云：「**以禪入儒，務誘儒以知禪**」，其書皆援禪理以解卦爻之辭。

除了沿襲傳統之外，古人亦有另闢蹊徑的「易經」：

《焦氏易林》：西漢焦贛（生卒不詳，有傳人京房，詳災異之學）所著；書中有「**一卦變六十四卦，六十四卦變4096卦**」的「**林辭**」，比《易經》的卦爻辭多出接近十倍，內文更完全是重新撰寫的；亦間接影響了後世的寺廟簽文。至於其他保留了「六十四卦」，而內容也是自創的著作，大多歸為「**術數**」一類，屬於另一系統的「易學」——這已經不只

是「一人有一本『易注』」了。

《太玄經》：西漢**揚雄**(生於公元前53年，卒於公元後18年)所著；參考了《易經》的體裁，以「**天地人**」三才的三進制(「陰陽」二爻乃二進制)，推演出「**81首**」和「**729贊**」，亦撰寫了了全新的占辭；當中以「玄」為基本概念，再揉合了**儒、道、陰陽三家**的思想而成書；只是，唐代詩仙李白(公元701-762年)似乎並不欣賞這部鉅著，其古風**《俠客行》**末段有云：「**縱死俠骨香，不慚世上英；誰能書閣下，白首太玄經。**」看來是對於揚氏此經，相當不以為然。

另外，略說一下近代流傳於海外的「易經」：

《高島斷易》：「東洋人的易經」，日本明治時代的**高島吞象**(公元1832至1914年)所著；早年在獄中學《易》，之後以易占靈驗而人稱「易聖」；高島氏所用之筮法和斷法大有漢學古風，使我輩不禁頓生「禮失而求諸野」之感慨。

《I Ching: Book of Changes》：「西洋人的易經」，德國傳教士**衛禮賢(Richard Wilhelm, AD1837-1930)**，在清末學者勞乃宣(公元1843至1921年)的協助下所譯著；這本「變化之書」對於西方社會影響深遠，特別是瑞士心理學家榮格(**Carl Gustav Jung**, AD1875-1961)的一些學說；當此德文版在**1950**年，再被譯作英文版時，榮格更親自撰寫了一篇很有意義的(也非常啟發筆者的)前言。

「易經」三千，只取一本。

狹義上，這是一個關於「每一個面對不同『易經』的人，更要有一本自己的『易經』」的課題。

純粹讀《易》的人，可以讀過就算，忘了更好。有心學《易》的人，忘記之前，最好能夠做到以下三點：

1) 邊讀邊做筆記；
2) 嘗試用自己的文字注釋；
3) 甚至重新定義「六十四卦」。

緣起於聽到「一人有一個世界/宇宙」的唯心論調，才有**2012**年的這一占問——以「擲錢法」（用錢幣的正反兩面代表「陰陽」二爻）起卦，占得**「小過之恆（867788）－ 小過六二，過其祖，遇其妣，不及其君，遇其臣，无咎。」**（本卦**「小過，亨，利貞。可小事，不可大事。飛鳥遺之音，不宜上，宜下，大吉。」**之卦**「恆，亨，无咎，利貞，利有攸往。」**）

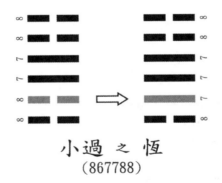

小過 之 恆
（867788）

「**一個人**」是「人」的微分極至，而這樣亦是「人」的一種**偏離**（「**小過**」）。在微觀的「自家」之中，偏離了**主外**（「祖」者，父輩之長），只好定位於**主內**（「妣」者，女輩之大）；在宏觀的「國度」之內，不足以**發放**（「君」者，號令天下），唯有定位於**接收**（「臣」者，聽命於上）。在這般消極有備之時，無人異議的話（「**无咎**」），如此狀態自然持續下去（「恆」）。

現代人雖有「**古文字障**」，但通過市面上不少的「**白話易經**」，應該不難入門，況且自學並無什麼規矩，所以閉門造車也不必受人指點。然而，越個人的作為，意味著越小家的格局——越留守於內，越非攻於外；越非攻於外，越留守於內……形成了「**無窮迴圈(infinite loop)**」。雖然無人非議自我，但亦無人與我交流，如是者會一直活在自以為是的「**舒適區(comfort zone)**」。不過，俗語有云：「**大有大做，細有細做**」，性格使然，各自有各自的造化。

2019年，筆者剛完成最新修訂的「**易筆記4.5版**」，算是見過了「自己」。2020年，也想見見「**天地**」，決定上載檔案至社交媒體的專頁「**易經實驗道場**」。2021年，嘗試出這一本書，就是希望有緣可見「**眾生**」。

這也不是一個人的「**易經**」了。

Kapitel 2

"hunts deer without the forester"

XX003 ——「《占卦》是什麼?」

「占」,根據《說文解字》有云:「視兆問也,從卜從口。」即是透過「問」的儀式而得以「視兆」。而「視兆」就是太卜(「掌三兆之法」的官員)運用歷史悠久的「**龜卜**」——先鑽鑿龜甲或獸骨,後燒灼而顯現「卜兆」——解讀出來的啟示。至於所「問」何者,就是古人信仰的「**天神**」(伸也,未來之靈)、「**地祇**」(支也,現在之靈)、「**人鬼**」(歸也,過去之靈);又至於所「問」何事,也就是天地人間的大事:祭祀、出征、遷都、人選等重要的疑問。

甲骨文　　　　篆書　　　　楷書

最初的「占」,本來是指上述狹義的「占卜」。後來又發展出不同類型和方式的「占」:

「占筮」,即「**揲蓍法**」。以五十蓍草,運用「**大衍之數**」而占得的「**卦**」,一般會依據《易經》的卦爻辭(後世亦有參考其他系統)作出判斷;在商朝,「占卜」通行了一段時期之後輔以「占筮」——「**凡國之大事,先筮而後卜。**」「筮短龜長,不如從長」——到了周朝,「占卜」(龜卜)逐漸式微,直至現在成為廣義所謂的「**占卜(divination)**」,泛指東西方形形式式的「占」。「占筮」雖然成為主流,但本身亦需要較長的時間操作,並且必須配合莊嚴的儀式進行。

「占卦」，與「占筮」同樣也是「易占」。「占筮」的結果也是「卦」，所以「占筮」也算是「占卦」；但「占卦」並不等如「占筮」，因為「占卦」不一定只用蓍草（後人亦有改以竹籤或小石代之）。隋唐時代，開始流行以更方便的銅錢起卦，令整個程序相對地簡化，是為「**擲錢法**」或「**文王課**」（偽託周文王所創）。雖然解卦的已經是「**術數**」的方法，而且大多不涉及《易經》的卦爻辭，但始終離不開「**六十四卦**」的「模式（pattern）」；正如「梅花易數」甚至不需要擲錢，也同樣可以起卦，分別只在於：狹義的「占卦」是以「易經」解卦，相對地比較「文科」（「車公靈簽」在這方面與之異曲同工）；廣義的「占卦」是以「易學」解卦，相對地比較「理科」，與其他「術數」系統可稱之為「**占算**」。

「**占候**」，有所謂「**風角**」之術，候四方四隅之風，以占吉凶。

「**占星**」，有所謂「**演禽**」之術，以星（十二星曆、十二宮宿度）禽（三十六禽、喜好、吞、啗等）推知人的祿命造化。

另外，還有「**禨祥**」、「**災異**」、「**瑞應**」等其他的「**古占術**」；這些都是古人面對自然或超自然現像，心生疑問之後，不斷通過「試誤法（**trial and error**）」——**直覺與實驗**——而發展出相信能夠解答和應付的技術。

以「占卦」去解答「何謂占卦」的疑問，真是有點弔詭。反正「**占卜**

（divination）」並非「**精密科學（exact science）**」，以下內容只供參考。

此舉的靈感源自曾經在網上，讀過某位同道中人的網誌，內容大約是「**嘗試以占問的方法，去拆解一些關於卦爻辭的難題，結果頗令人滿意**」云云。其實，除了「事業／愛情／健康／財運／家庭／人際／移民／學業……」之外，「占卦」的確可以提出一些相對不那麼世俗的問題，特別是作為「易學」或其他概念的另類驗証。

言歸正傳，以「占卦」二字的「梅花易數」起卦，占得「**觀之益（688877）**」─ 觀初六，童觀，小人无咎，君子吝。」（本卦「觀，盥而不薦，有孚顒若。」之卦「益，利有攸往，利涉大川。」）

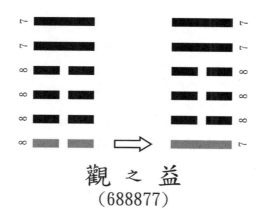

觀 之 益
（688877）

如灌木中警覺的小雀之見──在灌木中，是旁觀；有所警覺，是眼觀四處──也是「雖然不參與，但很認真看」的態度。在消極預備時，這種態度就是很「初／雛」，即是「**幼稚之見**」。對於「格局小的人」來說，算是不壞；但對於「**格局經營中的人**」來說，反而小器。正是這種小格局，才適合小角色的邊看邊做，逐小逐小的有所得著。

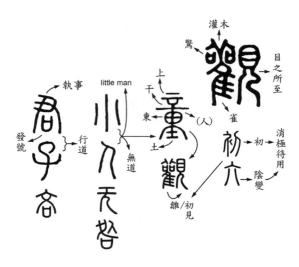

乍看之下，「占卦」之見猶如幼稚之見。正如宗教哲學普遍會視「占卜（divination）」為「小道」（甚至是「外道」），只為小人所用。

在此討論一下「易學」中的「小人、君子、大人」與「道」的關係。「小人無道，君子行道，大人有道」，自古貶抑小人而褒揚君子，以大人為聖人。除了以道行深淺論斷之外，還有以階級高低評價；小人即是勞動階級，君子即是管理階級，大人即是統治階級。古時，前者是後天的個人修養，後者是先天的社會地位；現代，不應只保守於以上的概念，這樣不單會限制了解讀卦爻辭的思路，更加會僵化了個人的思想。

正如「**童**」字，假如只依照《說文解字》的傳統解說：「**男有辠曰奴，奴曰童，女曰妾**」，再配合對「小人」的慣性詮釋，「**觀初六**」這一爻義肯定相對地負面，連帶「占卦」的意義亦復如是。嘗試換個角度，拆解篆書的「童」字：基本上由「上」、「干」、「人」、「東」、「土」組成，可以解讀成「東土人出，自下干上」（「干上」有rise之意），大有「孫悟空初登場」之勢；可以聯想到接續的是「往西天，取經去」，亦有「悟

空五師徒的西遊記」（包括白龍馬）的意象。由「東土」至「西天」的過程，正是**「見步行步」**，從**「犯錯中學習」**（也即是trial and error）的成長之旅。

撇開「小人」的負面概念，根據民俗學家弗雷澤爵士**(Sir James George Frazer, AD1854–1941)**所著的《金枝：巫術與宗教之研究》**(The Golden Bough：A Study in Magic and Religion, 1922)**，書中提及的「小人**(little man)**」，是指藏身於人體內的**「靈魂（soul）」**──另一個按比例縮小的自己──令人聯想到和「占卦」原理大有關係的**「潛意識（subconscious）」**。對比之下，「君子」的概念：「君」字的「尹口」可以解說為**「執事發號」**，也令人聯想到**「自我控制」**的**「意識（conscious）」**。

經此一連串的聯想，「占卦」的這一問，可作如此的解讀：

最初只是**「從窄角度觀望世界」**的「小道」，經過了「潛意識」的加多和「意識」的減少，最終成為**「從廣角度觀望宇宙」**的「大道」。

「大道」是「大人之道」。「大人」，不太肯定是否「意識」和「潛意識」互補之後的**「完整型態（completeness）」**。但有一點相信是：由「小道」至「大道」，應該歷經「九九八十一難」。

「占卦」，本是《易經》之用；既難用，且易用；不用，不知。

XX004 —「共時性是什麼？」

Synchronicity，一般譯作「共時性」；也有譯作「同時性」或「同步性」，皆是描述這種概念：兩件或以上事件的「有意義的巧合（meaningful coincidence）」。

這是上世紀20年代，瑞士心理學家榮格(Carl Gustav Jung)鑑於現實世界裡，存在著「非因果性聯繫(acausal connecting)」的事件，而構想的一個概念。直至**1951**年在一場演講中，為此歸納了以下的定義（摘自楊儒賓所譯之《東洋冥想的心理學 - 從易經到禪》）：

1) **觀察者的心境，以及與此心境相符應的同時、客觀而復外在的事件，兩者的巧合不能顯示彼此間有因果的關聯。而如從心靈使時空相對化的觀點考慮，此種因果聯結甚至是不能理解的。**

2) **心境以及與之相符應的外在事件（多少是同時發生的），兩者相互巧合。此巧合的外在事件乃在觀察者知覺的領域之外發生，比如說隔著一段距離，而且只能在事後驗証。**

3) **心境以及與之雖相符應、但卻尚未存在的未來事件相互巧合，這種事件隔著一段時間的距離，而且同樣地也只能在事後驗証。**

根據上述的定義，**「徵兆符應」**、**「心靈感應」**、**「夢境成真」**、**「預知未來」**等**「超常現象（paranormal）」**，都可以納入「共時性」的範疇——1952年榮格正式發表了名為〈共時性 - 一項非因果性的聯結法則〉的論文。然而，這個特別的西方心理學概念，查實可以追溯到古老東方的神秘學經典。

1924年衛禮賢(Richard Wilhelm)的德譯本《易經》出版之前，榮格已經透過理雅各(Legge)的英譯本（1882年），見識過這本「**變化之書**」（但比較推崇好友衛氏的譯本），並且對於「易占」作為探究「**無意識（unconscious）**」的方法深感興趣。榮格除了本人親自「**占卦問易**」之外，也以此法應用在心理治療的個案之中；另外更正式做過關於「**婚姻星座**」的「**占星學（astrology）**」實驗，據說當中還引發了一些「巧合」（也許是所謂的「**觀測者效應（observer effect）**」）。

經過多年的實驗和研究之後，榮格發現「**占卜法(mantic methods)**」這種主觀的玄學，箇中的原理正好反映了「心理與物理事件之間，在時間與意義上的平行關係」，這是客觀的科學無法圓滿解釋的現象（後人曾經嘗試以「**單子論（monadologie）**」、「**量子糾纏（quantum entanglement）**」等理論解釋），榮格姑且定名為「**共時性(synchronicity)**」（與simultaniety的性質相關；但形容詞是synchronistic，不要和synchronous混淆）。

1950年，**貝恩斯（Baynes）**的英譯本《易經》（譯自衛氏之德譯本）出版時，榮格特別為此寫了一篇前言。當中講述了「共時性」和「易占」的原理，亦做了兩次占卦的示範：一占是「《易經》被介紹到西方後的處境」，得卦為「**鼎之晉（899787）**」；二占是「榮格推介《易經》後的個人處境」，得卦為「**坎之井（876878）**」。本來，榮格打算對全書作心理學的評論，但因為「卦象」的「勸喻」而放棄了。

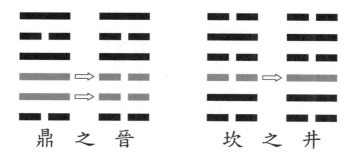

鼎　之　晉　　　　坎　之　井

雖然沒有「榮格對《易經》的心理分析」，但可以有「易占對共時性的說法」，以「共時性」的「梅花易數」起卦（前一字一組為上卦，後二字一組為下卦），占得「**節之中孚（778876） － 節上六，苦節，貞凶，悔亡。**」（本卦「**節，亨，苦節不可貞。**」之卦「**中孚，豚魚，吉。利涉大川，利貞。**」）

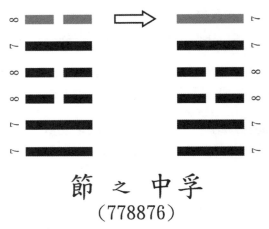

節 之 中 孚
（778876）

「過去的花」、「現在的竹」、「未來的貝」，共同交陷其中；心念每每再起，潛入無意之中；在當下貫通內外，一鳴一和一感應。

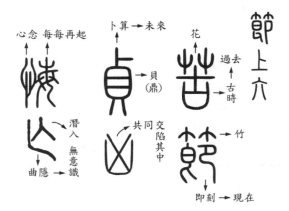

不僅偏離了「苦惱的限制，堅持帶來不幸，悔意消失」的傳統解說，而且有異於當時慣用的解讀方式；這次靈機一觸，嘗試了類似「測字」（坊間一種拆解文字的占算法，又稱「拆字」、「相字」、「破字」）的方法。

「**苦**」字中的「**古**」，是古時的「**過去**」；「**節**」字中的「**即**」，是即刻的「**現在**」；「**貞**」字中的「**卜**」，是卜算的「**未來**」- 古文字形的「**貞**」字下半部，本來不是「**貝**」而是「**鼎**」，相信是「**龜卜**」儀式的器具，在此想以「**貝**」配合「**花**」和「**竹**」，共存於時間的「**有機（organic）**」意象。至於「**凶**」、「**悔**」二字，只取「**交**」、「**念**」之象，不理「**惡**」、「**恨**」之意；倒是「**亡**」字的「**入于曲隱之處**」相當意味深長，觸到了最初也被筆者忽略的「冥冥中」的「**玄機**」。

由於活在「**三次元**」（**長闊高的空間**）的人，只能意識到「**單向線性**」的「**第四次元**」(**時間**)，但人相信在「**無意識（unconscious）**」狀態的當下，可以進入「**全方位的四次元**」（**過去、現在、未來共存的空間**），體驗到古人所謂的「**天人感應**」：一種心理/內在/主體世界與物理/外在/客體世界的相互作用；這亦是「**中孚**」在此的意義。撇開眾說紛紜的注解，只看「**中孚九二**」的爻辭「**鳴鶴在陰，其子和之**」，便知「**孚**」字正是「**互相感應**」之意。古人的「**感應**」與今人的「**共時性**」，根本上就是名相不同，但原理相同的同一現象。

貫通內外

鳴鶴在陰

其子和之

至於「無意識」與「共時性」的關係，有這樣的說法：**經常靈修冥想的人，經常會有「共時性」的體驗**。這意味著「有意義的巧合」會在「無意」中遇上，正如占卦是在「無心」（「**隨機（random）**」）的儀式（程序）之下，占到（遇上）相應某一事件的某一卦（某一「**原型（archetype）**」）；事後，有意識地思考箇中的意義，並且驚歎此事的

「**神秘性（mystery）**」。這亦是榮格對於「共時性」的一個描述。

「深信上帝不擲骰子」的愛因斯坦 **（Albert Einstein, AD1879-1955）**（他是榮格的好友）如此說過：「巧合是上帝保持匿名的方式。」那麼，「有意義的巧合」會是上帝的簽名嗎？

PS: 正在搜集資料和撰寫本文的時候，有朋友聯絡筆者，提議做一集關於「榮格與《易經》（還有《黃金之花的秘密》）」的網台節目，真是太「共時性」了！這位朋友只知筆者開始寫作，但全然不知箇中內容；在此之前，筆者亦沒有對外披露；就算出版社早已收過目錄的大綱，也不確定寫作的次序 - 這就是一次「有意義的巧合」的標準實例。

同期，筆者為某事起卦，占得「**中孚之節（778879）**」，剛巧是本文的「**節之中孚（778876）**」的本卦與之卦互換，玄機不明，也算是一種「巧合」。

至於，一直以來「想起某人之後收到某人的電話」、「知道某些資訊之後剛好又在書中讀到相關的內容」之類的經驗也不少，瑣碎之餘，不復後話，無謂一一盡錄。

"galling limitation"

僻知訊息

「占卜法（mantic methods）」這種主觀的玄學，箇中的原理正好反映了「心理與物理事件之間，在時間與意義上的平行關係」，這是客觀的科學無法圓滿解釋的現象。

由於活在「三次元」（長闊高的空間）的人，只能意識到「單向線性」的「第四次元」（時間），但人相信在「無意識（unconscious）」狀態的當下，可以進入「全方位的四次元」（過去、現在、未來共存的空間），體驗到古人所謂的「天人感應」－一種心理/內在/主體世界與物理/外在/客體世界的相互作用。古人的「感應」與今人的「共時性」，根本上就是名相不同，但原理相同的同一現象。

XX005 ——「擲錢法的變通？」

「以六枚錢幣代替三枚錢幣的『新擲錢法』功效如何？」 這是本課題的本來面目，緣起是由「**易占**」的「**斷卦方法**」開始。

不論是早期的「**揲蓍法**」，還是後期的「**擲錢法**」；不論是五十蓍草的「**十八變**」，還是**三枚銅錢的「擲六次」**；起卦的結果也有機會占得由沒有爻變到六爻全變的可能性。一本卦變作六十四之卦，一共**4096**個不同的組合**(64 x 64)**；然而，《易經》的卦爻辭一共只有**450**條，這樣便觸碰到一個千古的問題：**占卦後應該怎樣斷卦(從這本「操作手冊」選取適當的「條文」解讀)**？

根據春秋《左傳》和戰國《國語》記載的廿二項最古老的占例，有以下的歸納：

1) **無爻變，以「本卦」的「卦辭」斷之。**
2) **一爻變，以「本卦」變爻的「爻辭」斷之。**
3) **兩爻變，不詳。**
4) **三爻變，以「本卦」及「之卦」的「卦辭」斷之。**
5) **四爻變，不詳。**

6) 五爻變，以「之卦」的「卦辭」斷之。
7) 六爻變，不詳。

綜合所得的資料顯示，查實並無明確的標準指引；一般而言，**一爻變當然只解讀所變的爻辭，無或多爻變則大多會解讀本卦的卦辭。**

西漢時期，**焦贛**(又名焦延壽)所著的《易林》，內容正是4096條的「**林辭**」；雖然未知是否針對「**多爻變**」的斷卦問題而撰寫，但除了和《易經》的文本無關之外，「林辭」的字句被發現高度的重複，其「**原型（archetypes）**」的代表性依然有待考究。話雖如此，但各式各樣的「易學」系統繼續「各師各法」；所以，「易占」仍然是所謂的「**筮無定法**」。

直至南宋朱熹在《易學啟蒙》之中，提出了爻變的斷卦方法：

1) 無爻變，以「本卦」的「卦辭」斷之。
2) 一爻變，以「本卦」變爻的「爻辭」斷之。
3) 兩爻變，以「本卦」兩個變爻的「爻辭」斷之，以上者為主，下者為副。
4) 三爻變，以「本卦」及「之卦」的「卦辭」斷之，以前者為主，後者為副。
5) 四爻變，以「之卦」兩個不變爻的「爻辭」斷之，以下者為主，上者為副。
6) 五爻變，以「之卦」不變爻的「爻辭」斷之。
7) 六爻變，以「之卦」的「卦辭」斷之(「乾/坤」卦以「用九/六」斷之)。

以上的斷法據說是參考了上述的古占例而定，當中有著「**對稱（symmetry）**」的模式：

無爻變：「本卦卦辭」- 六爻變：「之卦卦辭」
一爻變：「本卦變爻辭」- 五爻變：「之卦不變爻辭」
兩爻變：「本卦變爻辭」上者為主 - 四爻變：「之卦不變爻辭」下者為主

三爻變：「本卦卦辭」為主 - 三爻變：「之卦卦辭」為副

可惜後人大多以其缺乏傳統的理據，認為所謂的方法，只屬一家之言；反而後世再出現更多不同的斷法，以至更難定論。

另一方面，今人又發現了「易占」起卦的機率問題。關於「不變爻」（陽的「七」或陰的「八」）和「變爻」（陰變陽的「六」或陽變陰「九」）的發生機率，「揲蓍法」方面出現了不平均的比例（六：七：八：九 = 1：5：7：3），所以更顯得「多爻變」有偏頗的傾向，即使未經正式計算，也會在實際操作時察覺（類似的情況在「梅花易數」以「年月日時」起卦時亦有出現）。反之，「擲錢法」方面顯示了相當平均的比例（六：七：八：九 = 1：3：3：1）：

1) **三枚錢幣皆出現正面，此為「老陰」：「六」(2+2+2)，陰極變陽也，又稱為「交」。**

2) **三枚錢幣有兩枚出現正面而一枚出現背面，此為「少陽」：「七」(2+2+3或2+ 3+2或3+2+2)，不變之陽也，又稱為「單」。**

3) **三枚錢幣有一枚出現正面而兩枚出現背面，此為「少陰」：「八」(2+3+3或3+ 2+3或3+3+2)，不變之陰也，又稱為「拆」。**

4) **三枚錢幣皆出現背面，此為「老陽」：「九」(3+3+3)，陽極變陰也，又稱為「重」。**

而且，出現不同「爻變」的機率亦相當容易計算：

1) **無爻變 – 17.8%**
2) **一爻變 – 35.6%**

3) 兩爻變 – 29.66%
4) 三爻變 – 13.18%
5) 四爻變 – 3.3%
6) 五爻變 – 0.44%
7) 六爻變 – 0.02%

筆者在差不多兩年半之內，經過134次以三枚錢幣起卦的實驗個案，發現統計結果也相當符合上述的機率：

1) **無爻變** –24次 - 17.91%
2) **一爻變** –49次 - 36.57%
3) **兩爻變** –41次 - 30.59%
4) **三爻變** –14次 - 10.45%
5) **四爻變** –6次 - 4.48%
6) **五爻變** –0次 - 0%
7) **六爻變** –0次 - 0%

無論內在的原理還是外在的操作，「擲錢法」在條件上看來真的很適用。儘管「揲蓍法」的原理還可以調整，但「**儀式性**」的操作就難免不合時宜。不過，即使排除了「揲蓍法」，以一般以言的斷卦方法，「擲錢法」始終會面對「一爻變」與「無或多爻變」的機率比例為1：1.81的問題，即是「以卦辭斷之」比「以爻辭斷之」的機率多出接近一倍。這個問題的重點是：在實際的解卦過程中，只憑卦辭的內容（不計卦名，最短的卦辭只有二字），實在不足以像爻辭一般，會有相對比較豐富的意象去進行分析。另外，若果參考前文「共時性是什麼？」提過的，有關榮格「易占」的文獻，便發現其斷卦時，會分析全部的變爻辭。但太多的、甚至相反的意象，除了不易消化之外，更有自相矛盾之虞。分析心理學大師的方法，並不是人人可以套用的。

不知何時開始，坊間出現了以「**五錢**」和「**六錢**」的起卦方式。前者其實是載於俗稱《**通勝**》的《**黃曆**》之中，名為「**金錢卦**」的占術，以一次擲五枚銅錢起一卦，再查閱書中類似籤文的「**三十二卦**」**(2的5次方)**，曾經通行於街邊的算命攤檔。後者可算是一個「簡化版」，以一次擲六枚錢幣起一卦，之後查閱《易經》的卦爻辭；雖然沒有明確指引如何占得變爻，但坊間一般會在其中一枚錢幣上標記（或直接換上另一大小相若但面額不同的錢幣），再依據起卦後其位置而定變爻的爻位。這就是確保占得「**一爻變**」的方法。

在**2011**年**4**月之前，筆者以「擲錢法」起卦時，多數會用**三枚「通寶」銅錢**。到了占問今次這個題目之時，正是第一次試用**六枚硬幣**起卦（以往也曾用過香港「女皇頭」的5毫硬幣代替銅錢，現在更兼用到日本「御緣」的5円硬貨），占得「**渙之訟(878677) － 渙六四，渙其群，元吉，渙有丘，匪夷所思。**」（**本卦「渙，亨，王假有廟，利涉大川，利貞。」之卦「訟，有孚，窒惕中吉，終凶，利見大人，不利涉大川。」**）

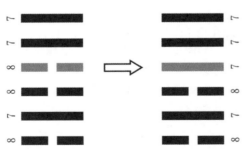

渙 之 訟
(878677)

「換」去「獸三為群」的「三」枚銅錢，重新有個好開始；「喚」來「拾六井」（1丘 = 4邑 = 16井）的「六」枚硬幣（10已進1，只餘個位的6），前

者「射遠」的「大弓」想不通後者「斬近」的「戶斤」（「斤」者，斫木斧也）；正如當下的「利涉大川」，也想不通當來的「不利涉大川」。

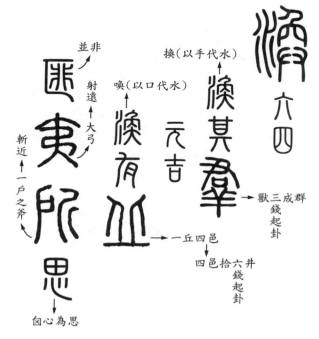

在此，真的必須說些公道話：「**三錢起卦**」，可以「感應」到「**靜止、單一及多重的變動**」，其實更符合「**窮盡可能**」的「**多重世界觀**」；這種「**非線性感應**」像一把大弓，可以「射」（「射」也是一種「占」）向深遠的目標，涉及「**浩大的潮流**」。反之，「**六錢起卦**」，只「感應」到「**單一的變動**」，屬於較易「**聚焦**」的「**單一世界觀**」，這種「**線性感應**」則像一戶之斧，只能「斬」獲近身的對象，無緣涉足真正的「**洪流**」。

如此看來，「三錢起卦」屬於「**還原度**」相對地高的「感應」方法，但要

準確解讀「多重世界」的訊息，可能需要較高「**維度**」的思想。至於「六錢起卦」相對地簡單直接，只是解讀「單一世界」的訊息，比較適合類似筆者的「**見習**」程度。

目前，筆者對於這個「**變通**」相當滿意，亦嘗試了一些「**再變通**」。例如：在公眾場所提供「**服務**」時，通常不方便「**擲錢**」，可以利用紙幣的六位數序號起卦(1, 3, 5, 7, 9為「七」，0, 2, 4, 6, 8為「八」)，再以時間的某某分鐘(除以6的餘數)決定某一爻變。只是到了電子貨幣通行的時代，必須另覓他法。又例如：運用手機app的「**隨機數字生成器(random number generator)**」產生一組六個的數字起卦，再以手機時間決定爻變；加上儲存在手機內的「**易筆記4.5行動版**」，基本上一部手機在手，已經可以隨時隨地起卦。只要不介意太過電子化，亦必須注意網絡的安全問題。

用什麼方法「**起卦**」、「**斷卦**」、「**解卦**」，從來都是一份執著；明知有「**大道**」卻偏行「**小道**」，就不只是一份執著……也許，緣份到了，自然可以……

僻知訊息
「三錢起卦」屬於「還原度」相對地高的「感應」方法，但要準確解讀「多重世界」的訊息，可能需要較高「維度」的思想。至於「六錢起卦」相對地簡單直接，只是解讀「單一世界」的訊息。

XX006 —
「易占之中，如何做到先知先覺？」

因為一句不可靠的記憶中的「**東方第一智慧**」，筆者一直學《易》至今。到底，從《**易經**》可以學到什麼「**智慧**」？竊以為從這本「**變化之書**」，應該學到關於「變化」的三個境界：「**知變**」、「**應變**」、「**改變**」。

「知變」，認知到天地人間的「**簡易、變易、不易**」的「**變化**」規律，察覺到世事無常的真諦。「**應變**」，適應、應付際遇中的「變化」，相對被動的，所謂的「**趨吉避凶**」。「改變」，主動製造意願中的「變化」，扭轉原來的形勢，開發另外的方向。本來算是最高的境界，但經過越來越「佛系」的薰陶，相信還有更高的境界：以不變應萬變的「不變」。

姑勿論以上的境界真是《易經》的「智慧」與否，更遑論真是「東方第一智慧」與否；礙於個人根器，筆者仍然徘徊在「知」與「不知」之間。知的，是《易經》的**64卦辭、386爻辭**；不知的，是「**易占**」的「**機**」、「**兆**」。

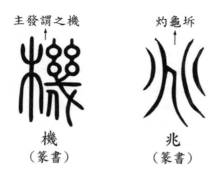

主發謂之機

機
（篆書）

灼龜坼

兆
（篆書）

「**機，主發謂之機。**」事情發生的關鍵條件：「**天時地利人和**」，可以說是「**機會（chance）**」。若然察覺到這種機會，所謂的「**知機**」，再加以把握，就能夠在適當的時間和空間，配合適當的人物，做到適當的事情。

「**兆，灼龜坼也。**」古時「龜卜」所得的現象，屬於狹義上的解釋；而廣義上，包括與相關「後事」發生符應的，純粹自然顯現的「**先兆**」；也可以統稱為「**徵兆（sign）**」，同樣有著「**密碼（code）**」的性質，需要「**解碼（decode）**」才能認知到箇中的訊息。

能夠知覺到「機」、「兆」，就是「**先知先覺**」，亦是學《易》的一種境界。然而，2013年的筆者雖不至於「**不知不覺**」，但在「易占」的實驗中，依然經常「後知後覺」。除了「慢一至幾拍」的起卦之外，有時又會解不通卦象的訊息，要到事後才能恍然大悟。作為實驗過程，也算有所裨益，但持續的「馬後炮」，即使如何「佛系」，始終也會在「緣份」到了的時候，「自然」想到了「變化」。

有疑就有問，以「**隨機數字生成器（random number generator）**」（配合當時手機顯示的時間）起卦，占得「**小畜之需（777879）** － 小畜上九，既雨既處，尚德載，婦貞厲，月幾望，君子征凶。」（本卦「小畜，亨，密雲不雨，自我西郊。」之卦「需，有孚，光亨，貞吉，利涉大川。」）

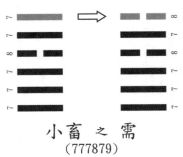

小 畜 之 需
（777879）

「**小畜之需**」，就是從「**不雨**」到「**下雨**」-「**小畜**」卦辭有「**密雲不雨**」之句，「需，嬃也，遇雨不進」；「雨」是一種「兆」，何時何地「下雨」或「不雨」就是一種「機」。

「**上九**」，積極盡用時（用就是消）盡用之後，就是消極。知用不知消，不知。

「**既雨既處**」，雨已下，虎已踞（「**密**」下的山之君也遇雨不進）。「不雨」時不知「下雨」，「下雨」時方知「不進」，即是「後知後覺」。

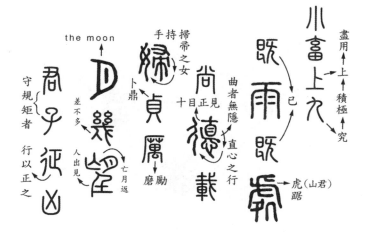

「**尚德載**」的關鍵字（keyword）是「**德**」：「**直心之行**」，可以引伸為「**直覺（intuition）**」；而「**直**」有「**十目正見，曲者無隱**」之義，正是知覺「機」、「兆」的可行之法，值得深究。

「婦貞厲」的「婦」，是「手持掃帚之女」；此形象有其普世共通的意義：「巫」者（「掃帚」的「除穢」功能，可以包括「交感巫術（sympathetic magic）」的作用，去除精神層面的污穢）。而「貞」，正是占得「兆」的「卜鼎」。「厲」在此是指「巫卜」的「磨之使利」，大有勤加鍛練之意。

「月幾望」的「望」，是「陰曆（lunar calendar）」（「太陰曆」，又稱「農曆」）十五的月圓，全句以「月亮幾乎全圓」暗喻「將圓」的聯想也是一種「知機」。有意思的是另一個寫法為「知幾」，就是「知道差不多了」。而「知」，亦包括「變化」規律的知識，例如以「月相（lunar phases）」周期計算而定的「陰曆」，初一為「朔」（月之逆返），十五為「望」（人出月見），十六為「冥」（太陰有變），三十為「晦」（有日無月）；而「見朔知望」、「見冥知晦」，就是利用知識對「兆」的解碼。

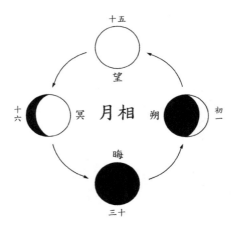

「君子征凶」，「守規矩者」行「正」路去解碼，但若太循規蹈矩，不知變通，難免會陷入「死」路，真的「在雨中等到鬚也長了」（「需」字下部的「而」字也有「頰毛」、「鬚」的意思），而未能知道箇中的「玄機」。

需

遇雨不進

而→鬚（須）

光亨貞吉

利涉大川

有孚

綜合以上的另類解讀方式，想要在「易占」之中做到「先知先覺」，一方面盡量汲取多元的知識，同時更需要發揮「知其然」的「聯想力」；另一方面，又不能太正常地作出理解，有時反而需要「不知其所以然」的「直覺力」。前者，可以透過建構一個類似「**利瑪竇的記憶宮殿（The Memory Palace of Matteo Ricci）**」的腦內聯網，把來自不同方位「**下載（download）**」的資訊分門別類，方便自己從「象」取「意」而提昇「**聯想（association）**」的能力。後者，不妨再次參考「**月幾望，君子征凶**」這兩句爻辭。首句中的「月（the Moon）」在塔羅（Tarot）系統中，有著「**直覺、無意識、感性**」的義涵；次句中的「君子」在儒家的標準中，可以視作「自律、有目標、理性」的象徵。從而轉換「**重理性輕感性**」的一般習性而提昇「直覺」的能力。

根據腦神經科學的一個研究發現，人腦內存在一套「二選一」的「預期」機制，基於當前的處境，「自動」選擇以「過去累積的經驗」或「事先配合的節奏」計算，從而對若干秒之後的事情進行預測，嘗試預先作出準備。當中的「經驗」和「節奏」，分別可以對應上述的「聯想力」和「直覺力」，兩個「計時器」的速度均會影響到兩種能力的效率。然而這套機

制，意味著兩種能力不能同時使用，只能隨神經系統視不同情況而定。無論選擇那種能力，最重要的是兩者同樣需要不斷的磨礪，建立快速的「計時器」，才能達至效率的提昇。

歸根究柢，「**知覺**」源於人腦，「先知先覺」的先決條件是頭腦靈活。而頭腦靈活同時必須保持頭腦清醒，人在疲倦的時候，做什麼也不靈光，更莫說關乎天地人間的「易占」大事。傳說有云：「夜不讀易」、「子時不占」。前者因為古人相信《易經》乃係「神物」，夜讀恐防驚動鬼神。今人則認為由於手不釋卷，可能通宵達旦，有礙健康。後者本是術數界的說法，認為「子時」這個數據，介乎夜與日之間，會引起難以算準的問題；但又有說此時「陰氣最盛」（查實是「陰極一陽生」），不宜占卜。醫學上會解釋，午夜時分本是休息時間，若然熬夜消耗腦力，什麼效果也自然不佳。即使日常時候，連續的「占卦問易」，也會出現「解讀疲勞」，導致水準不穩。故此，筆者曾有「一日不過三」的非正式習慣：每日占卦盡量不超過三個個案，反正只是業餘性質，無必要密集地處理大量的卦象；除非面對多人同時問卦，否則慢慢的、靜靜的研究更有效果、更有意思。

關於人腦的保健，還有很多包括冥想、瑜伽、太極拳、補腦食療……等等的法門，坊間自有大量的資源，在此不贅。至於從心境而論，「先知先覺」、「後知後覺」、「不知不覺」也可以說是：有什麼人的心態，就有什麼人的境界。

《老子》曰：「**上士聞道，勤而行之；中士聞道，若存若亡；下士聞道，大笑之，不笑不足以為道。**」若存若亡，若快若慢；知之，行之。

> **僻知訊息**
> 想要在「易占」之中做到「先知先覺」，一方面盡量汲取多元的知識，同時更需要發揮「知其然」的「聯想力」；另一方面，又不能太正常地作出理解，有時反而需要「不知其所以然」的「直覺力」。

XXOO7 ─
「易占之中，如何做到心誠則靈？」

「**靈驗**」向來都是對於「占卜」功能的一種期許；實情是混淆了所謂「神準」的概念。「神」者，自天之氣引伸萬物而示也。「準」者，隼鳥如水平直而一擊必中也。「神準」就是「百發百中」的意思。那麼，「占卜」真的可以「百發百中」？

神
（篆書）

準
（篆書）

民間傳說，總有「神算高人」的「占卜事蹟」。姜太公（《乾坤萬年歌》）、鬼谷子（《鬼谷子分定經》）、張良（《靈棋經》）、京房（「納甲筮法」）、諸葛亮（《諸葛神數》、《馬前課》）、管輅（《管公明十三篇》）、李淳風（《推背圖》、《藏頭詩》）、袁天罡（《推背圖》、《稱骨歌》）、麻衣道者（「火珠林」）、邵康節（「梅花易數」）、劉伯溫（《燒餅歌》）……等等，皆是出名神算的歷代高人（至於相關的術數或預言書，則未必出自其人）。可惜，由於「事蹟」除了無從証實之外，當中只是單方面提供的「成功」個案，並無整體的統計數據，情況類似前文提過的《左傳》、《國語》的占例。即使有大量紀錄成書的近代日本「易聖」高島吞象，同樣只是分享了配合解卦的案例；雖然當中有不少是可以証實的歷史事件，但書中應該還有更多沒有記載的其他個案，所以「神算」的實

際情況始終無從稽考。

曾有文獻記載，相傳是《**易傳**》作者的孔子，其「占卜紀錄」是自述的「吾百占而七十當」。姑勿論這句說話的不同演繹，或是孔子本人對於「占」的態度，純粹就一位「晚而好易」的學者的「易占實驗」而論，70%的準確率，當然算不上是「神準」，但應該也不算是差的。「倉頡輸入法」的發明者朱邦復，在其《易理探微》一書之中，提到有關「占測球賽和天氣」的實驗，據說分別在52個和39個案例裡，達到80-90%的準確率。看來，占卜能夠有100%的準確率，相信應該算是所謂「全知」的、只屬於「神」的境界。自古以來，人一直夢想可以接近「神」的境界，不斷致力開發各式各類的「通神之術」；時至今日，不論身負何術的職業占卜者，標榜「神準」或多或少也是一種「人氣成分」。然而，正如筆者在「前言」中提過，作為業餘愛好者，不論正式或非正式的實驗紀錄，也沒有做過「準確率」的統計。也許，因為筆者不敢妄想接近「全知」的、「神」的境界。

不同於涉及到統計學和客觀審視的「神準」，所謂的「靈驗」相對地屬於靈性方面和主觀體驗的一種概念。「靈」者，巫以瑞器事神而求雨零也。「驗」者，馬皆可証其徵效也。「靈驗」就是「人有求於神，神有應於人」的意思，正如民間信仰黃大仙的「有求必應」。另外，西方「**新思維運動（New Thought Movement）**」的「**吸引力法則（Law of Attraction）**」，也有類似概念的表述：**Ask and it is Given**。

靈
（篆書）

驗
（篆書）

無論東方或西方、對人或對神，有求要有心，有心才有應；這個「心」，正是「誠心」；「誠」者，言成可信也；信則有，不信則無。說到「信不信」，已經偏離了計算「量」的科學範圍，這又回到了感受「質」的玄學領域。故此，**希望求得神的靈驗，人必須先要心誠。**

誠
（篆書）

因為占卜也是一種「通神」的儀式，俗語有云「求神問卜」，所以「心誠則靈」這個法則同樣適用。至於，「易占」本身對此有何啟示，試以六枚錢幣的「擲錢法」起卦，占得「泰之需(777868) – 泰六五，帝乙歸妹，以祉元吉。」（本卦「泰，小往大來，吉亨。」之卦「需，有孚，光亨，貞吉，利涉大川。」）

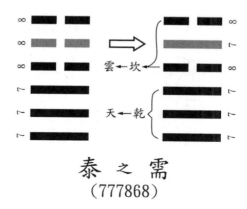

泰 之 需
（777868）

「**泰**」字，「**雙手拱向上大之水**」之象，「拱向」之形大有「求取」之意。「需」字，「雨下連連」之象。「泰之需」，可以想像成「求雨得雨」的連續情境，與「**靈**」字的意象互相呼應。

「**泰六五**」，「**泰，滑也。水在手中，下溜甚利也。**」在消極齊備時，純粹處之泰然便可。

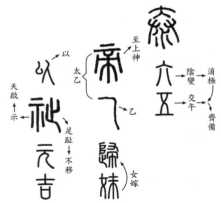

「**帝乙歸妹**」，根據「易學兩派六宗」的義理派史事宗的說法，此乃描述商王帝乙（約公元前1101至1076年）——其子為帝辛（紂王）——以王妹下嫁於西伯侯姬昌（公元前1125至1051年）作為聯姻的歷史事件，在「泰」卦和「歸妹」卦的「六五」爻辭中均有出現。「帝」字最初是指華夏文化所敬奉的「上天」，又稱作「太一」、「太乙」、「泰一」的「至上神」（基督教和天主教當年翻譯「神（God）」為「上帝」和「天主」，雖有爭議，但亦不無道理）。至於「帝乙」或「帝辛」的這類稱號，可說是當時

王者神聖化的做法之一，擬似上古時代「五帝」的「神人」模式。撇開作為特定的歷史人名，「帝乙」一詞反而可以引伸以下的聯想：

「帝乙」→「太乙」→「太一」→「夳」→「泰」

「帝」本身已有「大」的意思，「乙」是十天干的第二干，合起來的「大二」，既是「太一」又是「夳」，而「夳」正是「泰」的古文，篆書「泰」字之中亦有呼應「帝」的「大」字（「泰」卦辭中又有一句「小往大來」）。總而言之，當中充斥著「至上神」的意象：從「泰」的「求神」到**「帝乙歸妹」**的**「天賜良緣」**，已經可以見到了「有求必應」的啟示。

有啟示，就要「以祉」才可「元吉」。「祉」者，示而止之，有福也；「止」的本義是「足趾」，又有「不移」的意思。見到了啟示，只要堅定不移、深信不疑，才有福消受**「神靈的應驗」**。

關於之卦的「需」，據《易傳·大象》所言：「雲上于天」（卦畫為上「坎」下「乾」），故有說「需」字下部應為「天」字，所「待」的並非前文提過的「不雨」，而是「下雨」方為正解。在此兩說之間，唯有靈「光」一閃，神人「亨」通，「貞」問正定，得討「吉」兆（「需」卦辭中的「光亨貞吉」），才能明白究竟。

每一次「易占」的卦象，其實都是「神靈」所「許配」給人的「緣份」，而且也算是「有求必應」。至於此「應」（解答）是否可「驗」，其實還看有「求」（占問）的人是否滿意。假若不誠不信，「靈驗」就無從說起；至於如何培養這份誠意、信念，正如本卦早已點出了：「處之泰然」。然而，凡人最擔心的其實只是「好的不靈，醜的靈」；所以除了對於「易占」，凡事孰好孰醜，也不妨處之泰然。

「神準」，畢竟是涉及技術層面的修行，需要相對地用功──除了「通神」，也要「通識」──至於「準確的答案」，是否真的令人滿意就不得而知。「靈驗」，相信只要調整好內在的心態，自然可以溝通到外在的境界；真正的「天人感應」，應該沒有什麼滿不滿意的分別。

對於「易占」，如果還要問「準不準」、「靈不靈」的問題，當下個人的答案會是：只有解卦不準，沒有占卦不靈。

僻知訊息
無論東方或西方、對人或對神，有求要有心，有心才有應；這個「心」，正是「誠心」；「誠」者，言成可信也；信則有，不信則無。說到「信不信」，已經偏離了計算「量」的科學範圍，這又回到了感受「質」的玄學領域。故此，希望求得神的靈驗，人必須先要心誠。

XX008 ——「是否太迷信易占？」

或者，「易占是否一種迷信的行為？」

「**迷信（superstition）**」，可以被定義為「由於知識匱乏、莫名恐懼、巫術或機緣的依賴、因果關係的錯誤觀念而形成的信仰或儀式」。而「迷」字可解作「或也，從辵從米」。「米」字本義為「禾實」，象「四分於其間」之形，引伸為「行止中的分野、方向不明的可能性、令人困惑」的意思。

迷（篆書）

本來帶有負面意思的「迷」，當對應到英文的「**fan(s)**」時，意思就會比較中性，另有譯作「**愛好者**」，與「**支持者(supporter)**」(俗語「**擁躉**」)同義，極端一點的是「**狂熱者（fanatic）**」(本地舊時所謂「**發燒友**」)。總之，「迷」在此亦有「迷戀」或「沉迷」於某人某物某事的意思，也算是不同程度的感情用事。因此，「迷信」就是非理性的、不正面的信念，總會受到「現代文明」的排斥。

至於「易占」，單就「巫術或機緣的依賴」這一點，已經符合「迷信」的定義 -「占卜法（mantic methods）」本來就是源於上古史巫與神祇溝通的一種方術，至於「機緣」可以被理解為玄學中的「運勢」。而另一點「因果關係的錯誤觀念」，更似是針對**榮格(Carl G. Jung)**的「**共時性(synchronicity)**」理論，當中的「**非因果性聯繫(acausal connecting)**」總給人有「**偽科學(pseudoscience)**」的聯想。所以，講求理性的、科學的「現代文明」，當然會視「易占」（或其他「玄學」）為「迷信」。

縱使古代，**宗教(religion)**在取代了**巫教(shamanism)**之後，一般亦不鼓勵占卜，甚至當作是禁忌。

大乘經典中《文殊大教王經》有云：**「推步盈虧、咒術、醫藥、曆算、卜筮等，均非佛弟子所當為。」**

《聖經(The Bible)》：「你們中間不可有人使兒女經火，也不可有占卜的、觀兆的、用法術的、行邪術的。」（「申命記18:10」）

雖然儒家奉《易》為經典，但主要推崇箇中的哲理，衍生了後世「易學兩派六宗」的義理派儒理宗，有所謂的「易為君子謀，不為小人謀。」至於「占卦問易」，並非君子修身之正道，當然可免則免。

看來，占卜應該是「非智者所為」的迷信行為。然而，迷信一種「迷信」的行為，會否「負負得正」？「知識匱乏」的筆者自然不知。而且，也不知如何回應「易占是一種迷信的行為」，更不知如何界定「太迷信易占」。

查實，2014年那時並沒有想得那麼多，反正不能從現實中排除「無知」，倒不如在冥冥中求個「明白」。就以「隨機數字生成器(random number generator)」（配合當時手機顯示的時間)起卦，占得「**升之蠱(877886) - 升**

上六，冥升，利于不息之貞。」（本卦「升，元亨，用見大人，勿恤，南征吉。」之卦「蠱，元亨，利涉大川，先甲三日，後甲三日。」）

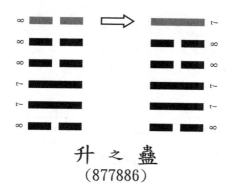

升 之 蠱
（877886）

前文「**《易經》是什麼？**」曾經提過「**十合一升**」，本卦的「**升**」字有「**累積而升值**」之意。而卦辭中的「**南**」字本義為「**熱帶之地，枝葉任生**」，在「**五行八卦**」的系統中，與「**火**」、「**明**」、「**離**」卦被歸作一類；而自古亦有「**天南地北**」之說：「**後天八卦**」的排列，南位「**離**」卦在上，北位「**坎**」卦在下。故此，「**升**」卦兼有「**向上**」和「**面向光明**」的卦義。不過，在消極戒備時，「**光明**」有若陰曆十六的月始虧，已經由「**望**」變「**冥**」，漸漸幽暗下去。

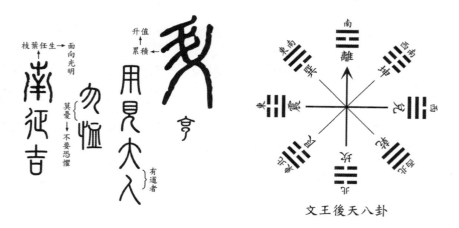

文王後天八卦

面對越來越不明朗的前境，「**貞**」（占卜）也不失為一種有「利」（有刀割禾才有收穫）的方法。正因為「**無明**」，「**利貞**」在此形勢之下，就有一定的條件：「不息」。「息」字原意為「心氣從鼻出」（上部的「自」字為「鼻」的象形，人常有指鼻自稱的舉動），有說「**氣急為喘，氣舒為息**」，亦可解作「**抖氣**」；「**不息**」也可說是「氣也不抖」的意思。只是，「**氣也不抖**」地「占卜」又如何有「收穫」？這樣豈不是真的入了「迷」？

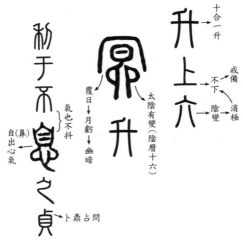

此時換個角度，不妨透過文字的「基因圖譜」去解讀「息」字：「自心」、「來自於心」、「自己的心」、「自我中心」，一詞三解雖然不盡相同，但大意也不離「我執之念」。只要不以「我執之念」去「占卜」，仍會有所「收穫」，尤其是在「無明恐懼」之下。

之卦的「**蠱**」，可以說是六十四卦之中，數一數二負面的卦，其解說的「**腹中蟲**」、「**晦淫之所生**」、「**梟磔死之鬼**」都是「**對人有害**」的情況。而最令人恐懼的就是「**巫蠱**」：利用毒蟲迷惑、甚至殺害他人於無形的一種巫術（今人故有「蠱惑」一詞形容「奸狡」的行為），歷史亦多

有記載，例如：漢武帝(公元前156至87年)晚年的「巫蠱之禍」，導致大量皇室和朝廷中人被牽連殺害。有「整蠱」，就有「反整蠱」，古人也有「掌除毒蠱」的官和「以狗禦蠱」之法；至於唐代名醫孫思邈(約公元581年至682年)的《備急千金要方》亦有「呼喚蠱蟲蠱主姓名，以話語令其將去，使人痊癒」的療法，與「**驅魔(exorcism)**」的手法異曲同工。

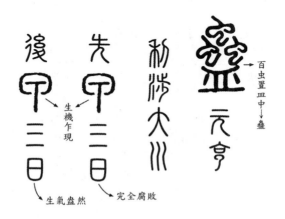

從「蠱」的字形來看，的確可以一窺「**造蠱之法**」：「**以百蟲置皿中，俾相啖食，其存者爲蠱。**」但純粹從大自然的角度觀察，「**物必先腐也，而後蟲生之**」實在是十分正常的一種現象，本質上並無好壞之分，好壞之分也不過是在「我」這個觀察者的「**心**」中。

而卦辭中的「先甲三日，後甲三日」，正是以「十天干」（甲乙丙丁戊己庚辛壬癸） 模擬「皿中蟲生」的周期變化(濃縮為十日)。「甲」有「東方之孟，陽氣萌生」之意，比喻「幼蟲」的生機乍現；「甲」之逆數三「日」是「辛」，有「秋時萬物成而熟」之意，比喻「皿中物」已經完全腐敗；「甲」之順數三「日」是「丁」，有「夏時萬物皆丁實」之意，比喻「成蟲」的生氣盎然。「日」為「明」主，可以一目瞭然；蟲生蟲長，所以純粹自然。一旦「無明」，人心腐化生蟲；怕毒怕巫，恐懼煉成蠱惑。

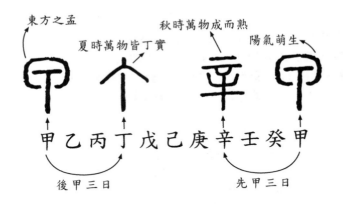

東方之孟

夏時萬物皆丁實

秋時萬物成而熟

陽氣萌生

甲 乙 丙 丁 戊 己 庚 辛 壬 癸 甲

後甲三日

先甲三日

利用一種迷信的行為，去界定自己是否太迷信這種迷信的行為，真是弔詭。而更弔詭的是，這種迷信的行為，真的界定了本身的「迷信」：「不息之貞」-「氣也不抖的占卜」顯示的就是一種「沉迷」、「過度依賴」的狀況。至於自己方面，「冥升」說的也就是「知識匱乏」和「無明累積」的此消彼長；而且，箇中還「暗」藏了指「明」筆者個人的訊息……總之，這種迷信的行為，同樣界定了當年「我」的「迷信」。如此已經不算很弔詭的了。

「窮則變，變則通，通則久」：這是一個十分重要的「易理」，闡明世事總有變通的情狀，正如「迷信」和「易占」。

「迷信」，其實在人生之中可謂無可避免，因為世上總有一些無法合理解釋的事物，故此不妨坦然承認自己「迷信」的一面，讓思想可以從理性中變通一下；查實「迷信」最負面的問題是建基於「恐懼」，而「恐懼」正是「神棍」介入的有利條件：「報應」、「末世」皆可被扭曲為「信仰」的「迷宮」，「沉迷」其中，本來「無明」的更加「無明」。所以，本卦卦辭中的「勿恤」，除了傳統解作「莫憂」之外，在此也可當作是「不要恐懼」的提示。

「易占」，本質上可以說是一件「知其然，不知其所以然」的工具，相信其功能的才去使用；工具本身亦無好壞之分，好壞之分也不過是在「我」這個使用者的「心」中。只要一不「過度依賴」，以「不疑不占」為原則，盡量減低無謂的濫用；二無「我執之念」，以「善為易者不占」為信條，透過學習「全方位（holistic）」的「易理」，嘗試超越個人欲望的層次；懂得變通，「易占」就是「用見大人」，可以**「利涉大川」**。

任何事情，無論宣揚或者破除，只要太過，就是迷信。

僻知訊息
以「不疑不占」為原則，盡量減低無謂的濫用；二無「我執之念」-
以「善為易者不占」為信條，透過學習「全方位（holistic）」的「易理」，嘗試超越個人欲望的層次

XX009 ——
「自由意志與預知未來的矛盾」

這個應該是研究「**占卜(divination)**」的過程中，必然會遇上的課題，無論怎樣含混以對，總該有個說法。

「**占卜**」——尤其是「**算命**」——通常與「**預言(prophecy)**」有著連帶關係，而「預言」就是讓人「預知未來」。西方有「**先知(prophet)**」，亦有「**算命師(fortune-teller)**」，都會告知人們有關「**未來**」的大小事情。「未來」對人而言，有好有壞、有吉有凶；一般人當然有「**趨吉避凶**」的傾向，這也是「占卜」的初衷。可是，當人作出了改變，這個「未來」已經不是「預言」中「未來」，那麼「預言」豈不是沒有成立嗎？又或者，「未來」根本無法改變，這樣「占卜」豈不是也沒有意義嗎？雖然，這是玄學上的問題，但也牽涉到哲學和科學的範疇，特別是「**自由意志(free will)**」、「第四度空間/時間」的概念。

「自由意志」，一般的理解是：人可以作出選擇的內在能力。從宗教上的神學來說，這種能力是上帝創造人時，所賦予的一種「神的特質」。而就佛學中的「緣起」與「無我」而言，在「因緣和合」之下是沒有絕對的「自由」，也沒有恆常不變的「我」的「意志」。至於其他的學術界，對於這個概念查實也是眾說紛紜，莫衷一是。

2011年，抱著實驗的心態，嘗試參考「易占」的說法，以「**自由意志**」四字的「**梅花易數**」起卦，占得「**噬嗑之晉(988787) – 噬嗑初九，屨校滅趾，无咎。**」(本卦「**噬嗑，亨，利用獄。**」之卦「**晉，康侯用錫馬蕃庶，晝日三接。**」)

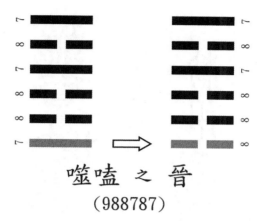

噬嗑 之 晉

（988787）

「意志」二字皆從「心」，但此卦爻辭當中並無與「心」相關的意象，只有從「彳」（小步）與「止」（古文「趾」字）的「足」意象，即是「行動」的意象。但**「屨校滅趾」**——**足履木囚而沒盡其趾**——這爻辭明顯是表達一種**「行動受制」**的處境。

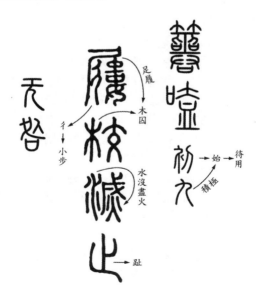

二犬守言　　口　　有口難言

再者，本卦卦名「**噬嗑**」當中的「口」意象，也因為卦辭「**利用獄**」，而更令人聯想到「**有口難言**」。

縱觀全卦，「身」、「口」皆不自由，「意」又不在其中，似乎明言「自由意志」的不存在。然而，「身」、「口」屬於人之介面系統，本來就是受限於外在世界的各項條件。至於「意」，可以從之卦卦辭中看到端倪：「康侯用錫馬蕃庶」的「馬」，既有《說文解字》的「馬，怒也，武也」，亦有《莊子·逍遙遊》的「野馬也，塵埃也，生物之以息相吹也」，都是強調「馬」的本質自性，還有最貼題的《周易參同契》的「意馬四馳」，正是以「馬」形容「意」的奔放，再加上以「猿」形容「心」的跳脫（monkey mind），便成為了難以操控的「意馬心猿」。然而，當「馬」被「錫」（原指「銀鉛之間」的金屬，假借為「賜」字）予「康侯」（有說是指歷史人物——周朝的衛康叔，亦有說是指某個「令民安樂」的侯爵），而被用作大量繁衍。這就是暗喻了原本自由的「意馬」，會受到大規模的駕馭，而且要在「晝日」的時空限制之下、「三接」的可能範圍之內，作出所謂「不同」的選擇。

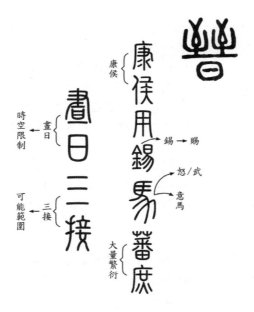

筆者本來傾向認同人是有「自由意志」的，但今次占得此卦，即使刻意曲解——有想過「**人是自願穿上枷鎖的**」——也還是意味著「自由意志」並非毫無限制，而是有其相對性的。

那麼，以上被喚作「校」的枷鎖，又是否象徵一直與「自由意志」相題並論的「**決定論(determinism)**」或「**命定論(fatalism)**」中的「註定」呢？在此嘗試以玄學的角度探討一下：

「決定論」，以「因果律」決定一切變化軌跡的理論。可說是與玄學中「運」的概念相關，亦算是屬於處理個別事件的「占卜」的範疇。雖然預知的是後天的「因果決定」的部份未來，但正是「占卜」這個「**轉捩點(turning point)**」而帶來了相對的可能性，因「占卜」而定也因「占卜」而變；雖然積極面對也不一定可以「改運」，但起碼還有「**潘朵拉盒子(Pandora's box)**」遺下的「**希望(Elpis)**」。

「命定論」，即是「命中註定」的「宿命論」。在玄學中正是關於「命」的概念，屬於處理整體事件的「算命」的範疇。既然預知了先天的「一生人」的全部未來，人就恐怕無法擺脫這個絕對的「**程式(program)**」。常言道：「**好醜命生成**」，「**好命**」的可能也會傾向消極，「**醜命**」的就更加絕望了。雖然一直有所謂「改命」的法門，姑勿論成效如何，總感到「**勉強無幸福**」，倒不如認「命」。當然，前題是真的會信「命」。

相對地，改變「後天的」總會比較改變「先天的」容易。但無論改變什麼，也是源於「自由意志」的「想作出不同選擇」的念頭，而正是基於這個念頭，人才會想要預知或多或少的未來，因此亦發展出玄學的「占卜算命」。

關於「預知未來」，前文在論述「**共時性(synchronicity)**」的定義時，也提過這個「**超常現象(paranormal)**」，只是筆者一直未有對此作出占問。反而，在2013年以類似概念的「預言」二字的「梅花易數」起卦，占得「**旅之小過(887789)－旅上九，鳥焚其巢，旅人先笑後號咷，喪牛于易，凶。**」（本卦「旅，小亨，旅，貞吉。」之卦「小過，亨，利貞，可小事，不可大事，飛鳥遺之音，不宜上，宜下，大吉。」）

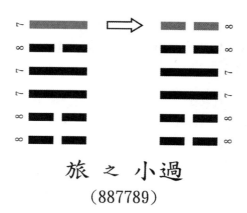

旅 之 小 過
（887789）

本卦卦名的「**旅**」，其字義的「居無定所」(與現時屬於休閒娛樂活動的「**旅遊（tourism）**」截然不同)，也彷彿是「時間」的一種描述。「時間」可以說是一度「**人類只能經過但無法停留**」的空間。基於前文「**共時性是什麼？**」的說法，本來「過去、現在、未來」共同存在，只是「**三度空間**」的人，才有「**旅人先笑後號咷**」的「**一先一後**」的觀念；因為這個單向線性的「時間」觀念，原本「共時」的事件，便被視為有著時序的關係；也因為這個關係，「預言」才有存在的條件。

至於「預言」的運作模式，有著不同難易程度的先「**密碼(code)**」後「**解碼(decode)**」。「鳥焚其巢」(一種「流離失所」的意象)在此代表「先兆」，「喪牛于易」(據考証是《山海經》中「**王亥託於有易、河伯僕牛，有易殺王亥，取僕牛**」的典故，算是「先得後失」、「客死他方」的意象)就代表「後事」。

然而，不論「先兆」與「後事」之間的反差如何，未發生的事就無法肯定，「旅人先笑後號咷」便反映了一般人的心態：對於「先兆」一笑置之

（「下士聞道，大笑之」），到遇上「後事」就過度反應（後知後覺）。由於這種「可惡」的心態，使「預言」傾向於之卦「小過」的狀態——「飛鳥遺之音」——總是在事後才能引証。再者，「預言」會導致「未來」的偏離（「過」），故此並不能大事宣揚、高調處理（「可小事，不可大事」、「不宜上，宜下」），否則就會失去作用，「未來」也就不是「預知」的「未來」。

回到「時間」的問題，也是回到「旅」卦的意象。「旅」字在卦名和卦辭中重複出現了（這種情況在《易經》中算是少有，而且只是構成語意相對地簡單的詞句），「旅」既可以是「時間」的意象，重複的「旅」也就可以是「多重時間」（引伸到「**多重宇宙(multiverse)**」假說）的意象。

根據「**量子力學 (quantum mechanics)**」的理論，量子的觀測會帶來「**分裂(splitting)**」的宇宙，而「**薛丁格的貓(Schrödinger's cat)**」可以一同「生」和「死」在不同的「**平行宇宙(parallel uninerses)**」。因此，作出「預言」的時候，會分裂為「有預言」和「無預言」的宇宙A和B；在宇宙A中作出「改變」時，會分裂為「去改變」和「不改變」的宇宙A.a和A.b；在宇宙A.a中完成「改變」時，會分裂為「改變成功」和「改變失敗」的宇宙A.a.a和A.a.b（這個正是「卦畫」的模式）……如此類推，「未來」

就不止一個「未來」，而且還可能有無限個「未來」。

在此以「易理」穿鑿一下：前文「擲錢法的變通？」曾經提過有關「易占」的「多爻變」，對應的就是因為「多重的變動」而形成的「多重世界」。另外，也以《老子》的「**道生一，一生二，二生三，三生萬物**」和「**吾不知其名，字之曰道；強爲之名，曰大；大曰逝，逝曰遠，遠曰反**」附會一下：想像一個不斷重複「由少至多，由多至少」的連續雙圓錐體的「多重宇宙」模型，而當中接合的錐點應該就是「現在/當下」；至於接合的圓面是什麼，在「**窮盡可能（exhaust possibilities）**」之外便無法想像了，正如「多爻變」的卦並不容易解讀一般。

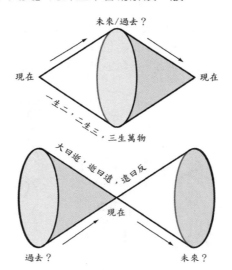

拉扯了一大堆「自由意志」與「預言」（「預知未來」)的概念，到底「易占」對於兩者的矛盾有何說法？且看2017年以六枚錢幣的「擲錢法」起卦，占得「**家人之賁(787897) – 家人九五，王假有家，勿恤，吉。**」（**本卦「家人，利女貞。**」之卦「賁，亨，小利有攸往。」）

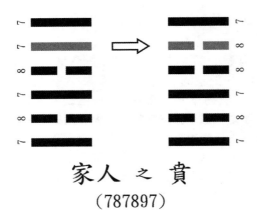

家人 之 賁
（787897）

「家人」，就是「由某種關係組合而生活於共同單位的人」；即使人的關係中有著「同中有異」的情況，反之也有「異中有同」的；所以，這應該不算是矛盾。自相矛盾的事物，邏輯上是不可能一起並存的。

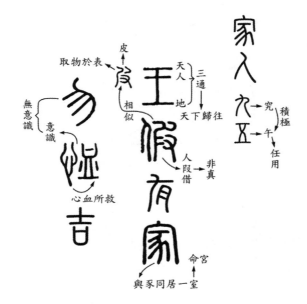

「**王，天下所歸往也；一貫三（天、地、人參通）為王**」：除了得天下之外，更要得到天時、地利、人和。在個人層面，這類同於意識支配身體行為，活動於時空之中的情況。

「**假，人叚借者，非真也**」：正如篆書字型相似的「皮」字，有「取物於表」之意；假借而來的事物，虛有其表，轉瞬即逝。

「**家，與豕同居一室**」：古人家族在春秋二祭之後，會有「**太公分胙**」的「**祖先賜食**」習俗，而「胙」一般是以豬肉為主的「祭福肉」；古人又特別崇尚豬隻的成長、繁殖能力，視之為「好生養」的象徵；所以，一「家」不能無「豕」。另外，配合今云的課題，「家」可以對應到借用「紫微斗數」術語的「命宮」：本命所在之宮。

故此，「王假有家」可以解作「**意識並非真的支配本身之命**」，這就好像否定了「自由意志可以改變預知的未來」的論調。然而，人不是只有一種意識，支配人的還可以是無意識和集體潛意識。

「**恤，憂也；心血所救也**」：這代表「**有意識的作為**」；「**勿恤，吉**」，就是「不要有意識的作為」- 也即是代表「無意識的作為」，才是支配「本命」、選擇「未來」的「自由意志」。

之卦「賁」的字義為「飾」，古人本來因為「貝上有卉」之美，而以「貝」作為裝飾物，之後以物易物再定為流通貨幣。價值上，具體的「貝」已經超越了抽象的「卉」。所以「賁」在此意味著，應該尋回「卉」的精神價

值,而非一味追求「貝」的物質價值。

真正體驗「自由意志」的,不在於選擇有益於己的好命、吉運,純粹滿足個人的欲念,更似是「**程式化(programmed)**」了的本能;反而,選擇有損於己的惡命、凶運,才是藉著「**自我犧牲(self-sacrifice)**」,而提昇了作為人的意志──「**天之道,損有餘而補不足。人道則不然,損不足,奉有餘。孰能有餘以奉天下?其唯有道者。**」

筆者綜合了以上多項實驗的空想,作出了以下的假說:「有道者」可以「**窮盡可能**」。而「占卜」是無意識在「**窮盡可能**」之內,「選擇」最適合個人的「命運」,再透過一些「機兆」與意識「對話」,讓個人從中一窺究竟,齊平吉凶;不落兩邊,無矛無盾。

PS: 完成這一篇報告之後,筆者真的遇上了自己「空想的假說」,不可謂不是一次造化的考驗。

僻知訊息
「占卜」是無意識在「窮盡可能」之內,「選擇」最適合個人的「命運」,再透過一些「機兆」與意識「對話」,讓個人從中一窺究竟,齊平吉凶。

"his feet are fastened in the stocks"

XX010 —
「天機不可洩（泄）露（漏）？」

總有「高人」總會宣之於口的一句話，除了明言「天機」是「凡人」不可企及之外，更加暗示「天機」是「高人」不可輕忽的。無論是「洩」還是「泄」，是「露」還是「漏」，總之就是不可從「天」流向「人」的某種「最高機密」。

「天機」，如果依照前文「易占之中，如何做到先知先覺？」有關「機」的解說，可以當作是「**天道變化的關鍵**」。這是否秘密真是見仁見智，畢竟有所謂「**人法地，地法天**」，人若不知「天機」，相信很難一直生存於大地之上。

有部份人心目中的「天機」，也許是指「天意難違」的「天意」：「上天的意志」。「天，顛也；至高無上」，象「人」伸展四肢之形的「大」之上，還有更高的某「一」存在；即是華夏文化中被稱為「帝」的「至高神」（類似「**亞伯拉罕宗教(Abbrahamic Religions)**」的「**神(God)**」，但最大的分別在於，這些宗教信仰的是「唯一的神」），最受世人所敬奉，甚至相信世間的一切，皆受其意志所支配，絕對不可違逆。

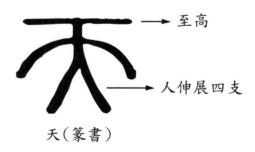

天（篆書）

由此推論，人本來應該順「天」而行，正如現在有所謂「**隨宇宙流動（go with the flow of the Universe）**」的說法，認為「宇宙中沒有偶然，只有必然。」上古時代，當人可以透過「**天人感應**」而知道了「天機」，本來只要敬「天」事「天」，天地自然有序；然而人多口雜，難免有人逆「天」行事，導致天地失衡、人間混亂。在一片災禍之際，「**顓頊受之，乃命南正重司天以屬神，命火正黎司地以屬民，使復舊常，無相侵瀆，是謂絕地天通。**」當時華夏傳說「三皇五帝」中的顓頊，指示重與黎掌管天與地的秩序，禁絕「凡人」直接與「上天」溝通，只可留在地面，倚靠「高人」作為「**媒介（medium）**」，代傳「禱告」和「神諭」的訊息。這項上古的「絕地天通」事件，可以被聯想為本課題的一個「**原型（archetype）**」。

天意難測，人心亦難測。經過先秦時期的百家爭鳴之後，漢代雖然獨尊儒術，但可能受到早期奉行的「黃老之術」，和後期推崇的「天人感應」思想的影響，也開始流行「讖緯」之說，民間充斥各色各樣的「天機密碼」，而林林總總的解讀亦蔚然成風。「讖」，有「纖微」、「將來之驗」、「前定徵兆之言」、「符命之書」的意思，很容易與寺廟求到的「籤」混淆（正寫的「籤」，為「驗/銳/貫」之意；俗寫的「簽」，則為「書文字」之意），而「讖」亦可與圖配合，成為「圖讖」。「緯，織橫絲也」，與縱軸的「經」交會，可以合成織物；而「緯」書就是附會於儒家「經」書的「圖讖」結集，例如：被喻為《易經》支流，衍及旁義的《易緯》。基於不同的宗教、政治目的，這些現在被認為是「人為大於天意」的「天機」，對於當時的局勢又真的有很大的影響。

讖（篆書）　　緯（篆書）　　籤（篆書）　　簽（篆書）

到了隋代，鑑於「讖緯」的流弊，朝廷曾經下令禁止並銷毀。但在唐代之後，又湧現大量的預言書，如前文「**易占之中，如何做到心誠則靈？**」所述的「神算高人」的《乾坤萬年歌》、《馬前課》、《推背圖》、《藏頭詩》、《梅花詩》、《燒餅歌》……等等，民間依然趨之若鶩，特別是每逢亂世，或多或少的「預言」又會浴火重生；即使現代，一樣流傳不絕。

看來，「天機」一直都在洩(泄)露(漏)，可還是不可，究竟如何？2012年，就此課題以六枚錢幣的「擲錢法」起卦，占得「**漸之蹇(887879) −漸上九，鴻漸于陸，其羽可用為儀，吉。**」（本卦「漸，女歸吉，利貞。」之卦「蹇，利西南，不利東北，利見大人，貞吉。」）

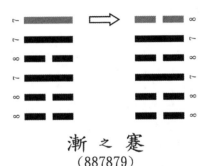

漸 之 蹇
(887879)

「**漸**」卦整體上是描寫鴻鳥由遠至近、低至高的漸行路線，但這一爻的上句「**鴻漸于陸**」，與第三爻的相同；所以一般注釋會以九三的「陸」為「陸地」的「陸」，而以上九的「陸」為「雲路」的「逵」或「大山」的「阿」。

然而「**鴻，鵠也；雁之大者**」，作為一種往來江南江北的候鳥，竊以為「漸」卦由初至五爻，是指鴻鳥北上避暑的遷徙活動(本卦卦辭的「女歸」本義為「出嫁」，在此可說是候鳥遷徙後的交配繁殖)；至於上爻，大可不必因循「越上越高」的爻位慣例(根據帛書本所載，兩爻所寫的也是同一「陸」字，故此不似是通行本有所筆誤)，反而不妨參考當中「物

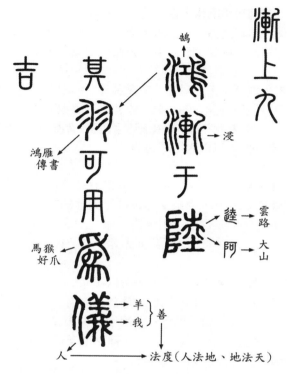

漸上九

鴻漸于陸 → 浸
鵠 ↑

逵 → 雲路
阿 → 大山

吉 其羽可用為儀

鴻雁傳書

馬猴好爪

羊 → ┐
我 → ┘ 善
↓
人 ──────→ 法度（人法地、地法天）

極必反」的爻義：這也可以是指鴻鳥，在第五爻「高山」的「陵」（「九五，鴻漸于陵」）轉季之際，開始南下過冬、再經過「陸」的回歸情況。

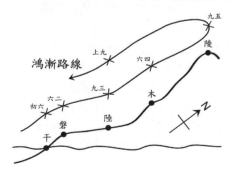

本來參照下句「**其羽可用為儀，吉**」的一般注釋——鴻鳥在上展翅，使人效以高飛的儀法，吉祥之兆——配合上句「雲路」或「大山」的「上天」意象，已經可以首尾呼應到今云有關「天機」的概念。

不過，假如參考上述「南下」這個「由陵至陸 = 由上至下」的意象，便可以發現這也是「天與地通」的意象 - 當初的「絕地天通」，所指的只是斷絕了大地與上天的溝通，而不是斷絕了兩面的溝通（所以並非「絕天地通」），上天其實仍然可以與大地溝通的。

所以，換個角度再看的下句，「其羽」就是鴻鳥飛過而留下的羽毛，如同古語「**鴻雁傳書**」一般，喻意從上天傳至大地的訊息；「可用為儀」的「為」象「馬猴好爪」之形，引伸為「效法人之行為」，而「人之行為」正是「儀」的「人之義」，「義」即是「自己如羊之善」的法度。

綜觀上下兩句，正如另類解讀的說法，可以如此對應本課題：「天機」如「鴻羽」由上而下，流傳至大地人間，讓「凡人」如「馬猴」，用作「人法地，地法天」的儀式信物，這是類似「**神之羔羊 (lamb of God)**」的善（「吉，善也」）。

從卦象似乎已經看到，「**天機**」是可自「天」洩（泄）露（漏）的 – 本卦「漸」是一條「**出丹陽黟南蠻中，東入海**」的水流，亦有「一浸一浸」之意。至於來到「人」的手上，便要仿效一定的法度——之卦卦辭中的「利見大人」——「大」字本來就有「人法天地」之意，而且「大人有道」，縱使洩（泄）露（漏），也必須「貞吉」- 正定而善。正如之卦「蹇」的本義為「跛，行難」（「跛」因為「寒足」，倒也呼應了「過冬」之意），「天

機」實在不是「凡人」容易拿捏的。

「天機」拿捏不當，小小的「**蝴蝶效應（butterfly effect）**」便會引發大大的「**天譴(divine retribution)**」。除了天地失衡、人間混亂之外，對於洩（泄）露（漏）的人，自身更會遭逢惡果。傳說中，以「占卜算命」為職業的人，拜師入門之時，會在「孤夭貧殘」之中自選一項，以應日後「洩（泄）露（漏）天機」的業報。箇中的原理應該是涉及因果報應的「**業力（karma）法則**」。關於「業力法則」，西方的塔羅占卜亦有類似概念的「能量交換」，一種不能提供「無償服務」的規矩。說明了凡事皆有代價，宇宙總有平衡之道。

凡人不宜妄說因果，何況「天機」？還望高人、「大人」指點。

PS：相傳茶聖陸羽（公元733至804年），本是孤兒，無名無姓，占卦問《易》，所得正是本爻；故此定姓為「陸」，起名為「羽」，字之為「**鴻漸**」。有機會不妨留意一下身邊的人名，箇中或許也是大有玄機的。

僻知訊息
「天機」拿捏不當，小小的「蝴蝶效應(butterfly effect)」便會引發大大的「天譴(divine retribution)」。除了天地失衡、人間混亂之外，對於洩（泄）露（漏）的人，自身更會遭逢惡果。箇中的原理應該是涉及因果報應的「業力(karma)法則」。

XX011 —「八卦他事」

「易有太極，是生兩儀，兩儀生四象，四象生八卦，八卦定吉凶，吉凶生大業。」「八卦」出自「易學」的系統，以陰或陽爻組成的八個「三畫卦」（2的3　次方等如8）：**「乾、兌、離、震、巽、坎、艮、坤」**，又名「八經卦」。根據《易傳．說卦》所載，「八卦」象徵天地人間的各類事物，例如：

乾 – 天、健、父、馬、首、西北、秋冬……

兌 – 澤、悅、少女、羊、口、西、秋……

離 – 火/日、麗、中女、雉、目、南、夏……

震 – 雷、動、長男、龍、足、東、春……

巽 – 風/木、入、長女、雞、股、東南、春夏……

坎 – 水/雨、陷、中男、豕、耳、北、冬……

艮 – 山、止、少男、狗、手、東北、冬春……

坤 – 地、順、母、牛、腹、西南、夏秋……

另外，在「易學兩派」的象數派典籍之中，還有更多的「逸象」，簡直包羅萬有。正因為「八卦」歸納了**「全方位（holistic）」**的資訊，所以世人認為懂得「八卦」，便等如通曉世事。

自從傳說中的**「伏羲畫卦」**之後，世人以這組符號為神聖之物，裝飾於一些特別是銅鏡一類的器物之上，而後世的術士會以「八卦鏡」辟邪納

福（據說「平鏡反射、凹鏡收煞、凸鏡化煞」），坊間的善男信女爭相仿效，置於家宅作為風水擺設之用（有時會配合「三叉」，或以「鑊底向外」代替）。可能由於舊時「男主外，女主內」的傳統，留在家中的婦女，她們的社交活動有時會離不開「拜神祈福」和「閒話家常」──某程度上，女性的確擁有較強的「溝通能力」──久而久之，「八卦」就與「流言蜚語」扯上關係，引伸了另一重的世俗意義，亦成為了一句本土俚語：「諸事八卦」，即是「凡事都想知」的代名詞（至於網上流傳的典故，因為無從稽考，所以暫且不表）。

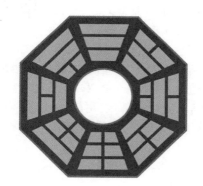

八卦鏡

從世俗意義來看，「八卦他事」就是「想知道他人的事情」，屬於人性的一部份。但回到本課題的原意，同樣又回到「易學」的範疇，「八卦他事」在此其實是指「想以易占知道他人的事情」。前文曾經將「占卦」比喻為「童觀」，這樣應該將「八卦他事」比喻為「闚觀」（出自「觀六二」爻辭）──從門縫偷窺宅內的觀點──原則上是缺德的行為，特別是出自個人的欲望。然而，這個課題並非如此簡單的。

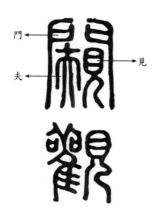

對於「占卜」，圍內圍外都有不少真真假假的
規則或潛規則，其中有關一個理想「占局」
的組合，包括：「占者(reader)」、「問者
(seeker)」和作為「介面(interface)」的「無
心之物」(古人相信憑著「無心之物」，比起一
般人本身較易「通神」，例如：蓍草、銅錢、
筊杯、籤、塔羅牌、符文石、茶葉……等等)。

在「占局」中，「問者」是「**當事人**」，所問
的當然不是「占者」的「八卦他事」，「占
者」的角色是「解碼人」- 解讀「無心之物」所編的「密碼」- 雖然不是
純粹旁觀，但應該完全客觀的，「占卜」的功效亦會是最好的。反而，
「問者」所問的是關於「局外人」的事，無論是有否關係、認不認識的
其他人，這樣就算是「八卦他事」(至於「代問」，當然要得到「當事
人」的同意，但始終不及親身「入局」理想)。

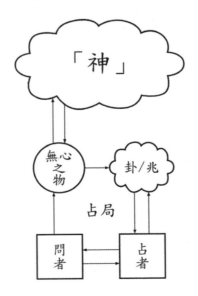

另外，在現代社會學習「占卜」，未必需要拜師入門，已經相當普及；從「我事」、「他事」到「世事」，任何稍有涉獵的人，既是「問者」也是「占者」，可以輕易隨時隨地的「八卦」。姑且撇開道德上的問題，不妨研究一下「八卦諸事」，在本質上和原理上值得注意的地方。

2018年，「八卦」了本課題 - 以六枚錢幣的「擲錢法」起卦，占得「**大畜之賁（797887） –大畜九二，輿說輹。**」（本卦「大畜，利貞，不家食，吉，利涉大川。」之卦「賁，亨，小利有攸往。」）

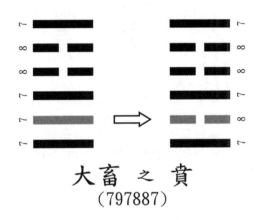

大畜 之 賁
（797887）

「**畜**」，在「易學」傳統的注釋，有「**養、聚、積、止**」的意思。而照甲骨文的字型可解作「田獵所得而拘系之」（上「玄」象「絲系」之形，下「田」可作「狩獵」解），的確符合「大畜」卦所描述的「馴養家畜」的情境。另外，「畜」字上部的「玄」字，亦有「幽遠」之意；「遠田」可以被聯想到「郊外謂之甸，甸外謂之牧」這個有待商榷的說法 -「甸」有「公邑之田」、「田野之物」之意，「牧」則可解作「**遠離公田，放養牲口**」。

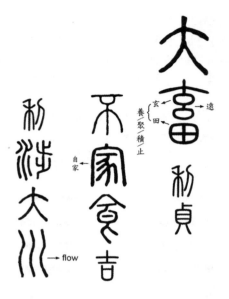

總之，「畜」就是聚集牲口而馴養繁衍，累積數量而阻止流失；而「大畜」也就是近乎有入無出、**幾何級數(geometric progression)**的增殖；至於六十四卦的「小畜」，只是有入有出、算術級數(arithmetic progression)的增殖。

對應本課題，「大畜」的確有著「諸事八卦」那種「**大量收集情報**」的本質；而卦辭中的「不家食」和「涉大川」，就是「收集自家以外的情報」和**「越過大量的情報流(intelligence flow)」**，這也算是「八卦他事，甚至世事」的寫照。

「輿」，簡單來說就是古代的車，行走於地面（「**堪輿，天地之總名**」；「堪」為天道，「輿」為地道）；從「舁」，象「共舉」之形。故此，「輿」可說是「眾手或拉或推之車」（也有說是「**眾手共舉之轎**」）。在此，則似是「占局」的圖象，在上的「叉手」為「占者」，在下的「竦

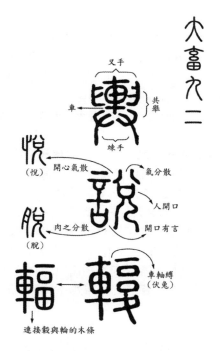

手」為「問者」，介乎兩者之間的「車」為「無心之物」。

「說」，在「易學」傳統的注釋，除了現代所指的「言談」之外，還可以指「悅」和「脫」。由於字形從「兌」，可解作「人開口、氣分散」的意思，所以「開口有言」是「說」、「開心氣散」是「悅」、「肉之分散」是「脫」。至於本爻，一般會解作「鬆脫」。另外，除了「為澤，為少女」之外，「兌」也「為巫，為口舌」；所以，「說」在此也是「以言行巫」的「通靈」作用。

「**輹，車軸縛也**」；即是連結車腹與輪軸，固定兩者的纏束。原本在「**小畜九三**」爻辭當中，也有相近的「**輿說輻**」，但據考究發現，作為「連

接轂與輪的木條」的「輻」應該是「輹」的筆誤（特別是帛書本中，載有三處與「車」相關的相同的字）。然而，竊以為通行本流傳至今，有一定的「**共時性(synchronicity)**」效應，不容忽視；而且，「輻」之於「小畜」與「輹」之於「大畜」（也之於「大壯」-「壯于大輿之輹」），在結構和影響方面，也有輕重之別，實在不必更正。在此，後者關於「軸心」的意象——車軸沒有車輪轉動的幅度那麼大 - 應該更加值得注意。

「**共舉之車鬆脫了車與軸的束縛**」，是「**大規模畜牧**」在積極可用時的處境：存在風險，暫停運作；保養部件，以防萬一。正如「八卦諸事」，如果占問的不是「當事人」的事，等同脫離了事件的「軸心」，溝通就會隨著相距而「失靈」，即使占得了卦爻，但內容可能「**九不搭八**」，或者「錯誤引導」，甚至「直斥其非」（有時問題設定不對，答案亦會如此）；總之「收集」到的不是「情報」，反而像是接收到「頻道不正」的「**雜訊(noise)**」。故此，本爻亦無所謂「吉凶」的斷辭，觀乎之卦「賁」的「飾」義，「八卦他事」的結果也不外乎流於表面的虛飾。

至於「**八卦世事**」- 國際消息、政經走勢、名人動態、本地氣運、坊間傳聞……諸如此類，格局更為龐大，個人更為渺小。任何「問者」也不能脫離「軸心」效應的原理，如非相關人士，問到的也並非相關的訊息。假若從一個小人物的角度「八卦世事」，相信只能知道和自己相關的小部份事情——很小的一丁點部份。也許，當「小我」可以化為「大我」時，便能夠知道大部份的相關事情；但也許，這樣就沒有所謂「軸心」的存在，到時一切都是整體的，還有什麼好「八卦」？當然，現階段還是可以抱著實驗的精神，繼續「諸事八卦」的。

利用「八卦」作為一種「收料術」，是可以的，但不是萬能的。縱使可以漠視人間的道德，但始終不能無視宇宙的法則。

PS：題外話，「輹」，又稱作「伏兔」- 如果包括這個間接的說法，「十

二生肖」可謂全部見於《易經》的文本 –

鼠(子) - 「晉如鼫鼠」

牛(丑) - 「童牛之牿」、「用大牲」、「牽復」、「君子維有解」……

虎(寅) - 「虎視眈眈」、「旅人先笑後號咷」、「終朝三褫之」、「震來
虩虩」、「即鹿无虞（白虎黑文，尾長於身）」……

兔(卯) - 「伏戎于莽(犬善逐兔艸中)」、「壯于大輿之輹(車伏兔也)」

龍(辰) - 「見群龍无首」、「以宮人寵」……

蛇(巳) - 「巳事遄往」、「利用祭祀」、「有它不燕」……

馬(午) - 「用拯馬壯」、「用馮河」、「王用三驅」、「震驚百里」……

羊(未) - 「羝羊觸藩」、「視履考祥」、「渙其群」、「包羞」、「藩決
不羸」……

猴(申) - 「一握為（母猴也，其爲禽好爪）笑」、「弗過遇（禺似獼猴而
大，赤目長尾，山中多有）之」

雞(酉) - 「翰（天雞赤羽也）音登于天」、「雉（野雞）膏不食」

犬(戌) - 「突如其來如」、「履錯然」、「利用獄」、「明夷于南狩」、
「中行獨復」

豬(亥) - 「豶豕之牙」、「豚魚吉」、「閑有家」、「其欲逐逐」、「據
于蒺藜」……

僻知訊息
利用「八卦」作為一種「收料術」，是可以的，但不是萬能的。縱使
可以漠視人間的道德，但始終不能無視宇宙的法則。

XX012 — 「對自家以外占算的態度」

「居則觀其象而玩其辭，動則觀其變而玩其占。」 宅在自家之內，閉門玩辭、埋首玩占，縱使可以自成一派，亦不過一家之言。出於研究精神，也許會嘗試接觸自家以外的占算系統。但客觀上基於「門戶之見」的習氣，一般很難或根本不可能深入研究自家以外的占算方式；另外，主觀上類似「文人相輕」的心態，通常亦很難會認同、甚至會抗拒自家以外的占算結果。上述「只能知己，不能知彼」的習氣和心態，也導致各類不同的文化圈子，衍生出大量的流派分支。

正如「易學」界，自古已有所謂的「兩派六宗」：「兩派」為「象數派」和「義理派」，「六宗」為歸類前者的「占卜宗」、「禨祥宗」、「造化宗」，與歸類後者的「老莊宗」、「儒理宗」、「史事宗」-

「象數派」：形成於兩漢時期，以象數解《易》，開啟了後世的術數門戶。

「占卜宗」：根據《左傳》記載的占例，傳承先秦「太卜之遺法」。

「禨祥宗」：以《周易》八卦的原理，結合陰陽五行的學說，創立了「卦氣、納甲、飛伏、世應、爻辰、納子、納音、互體、旁通……」等模式，入於禨祥。

「造化宗」：一度衰落至宋代復興，以「河圖洛書」等圖式解說《周易》，發展出《先天圖》/《太極圖》（原稱《無極圖》的圖書學說，故又稱「圖書宗」；另外，又有以「元會世運」之先天象數表述歷史秩序的《皇極經世書》，務窮造化。

「義理派」：起源於魏晉時期，捨象取義以解《易》，發展為哲學的系統。

「老莊宗」：「忘象以求意」，以道家《老子》和《莊子》的義理解說《易》，排除了象數之餘，更使其注釋玄學化，影響匪淺。

「儒理宗」：「順性命，闡儒理；切人事，明亂治」，以儒家義理解說《易》，衍生之後的宋明理學、氣學、心學。

「史事宗」：自宋代至近代的學者，參政史事，以史証《易》之餘，亦有寓教於《易》，以達藉古規今之用。

包括上述「六宗」在內，另有加上**「醫藥宗」**、**「丹道宗」**、**「堪輿宗」**、**「星相宗」**一共「十宗」之說，但此「四宗」屬方技一類，傳統上被認為是不入流的。姑勿論「六宗」、「十宗」，當中既有互相指涉，亦有互相攻駁。這也就是「陰中有陽，陽中有陰」、「相生相尅」的「易理」。

根據「易理」去分析今次的課題，可以從以下不同的「可能」切入，嘗試一下**「思想實驗（thought experiment）」**：

A）　同一人以同一方式（重複）占算同一事件。

B）　同一人以不同方式占算同一事件。

C）　不同的人以同一方式占算同一事件。

D）　不同的人以不同方式占算同一事件。

分析前，先界定「占算」在字面上的大概分野。在操作方式上，「占」屬於「隨機取樣」，取樣結果相對地無序和多元，例如：「求籤」和「塔羅占卜」；而「算」則屬於「數式運作」，運作結果相對地有序和一致，例如：「四柱命學」和「西洋占星術」。當然還有先「占」後「算」的方式，應該歸類為「占」，例如：「火珠林」。在解讀上，前者通常比後者，涉及人為因素的影響較大。總括而言，「算」的變數相對地比較

「占」的少，「數式運作」的「算」對於以上不同的「可能」，應該分別不大（特別是重複運作時），反而「隨機取樣」的「占」在分析上有更大的意義。

「**可能A與B**」都是同一人重複占算同一事件，分別是同一方式與否。「**蒙**」卦卦辭中有「初筮告，再三瀆，瀆則不告」之句，後人一般依此作為「一事不二占」的憑據。所以，「**可能A**」會被認為是「**心不誠**」，無論結果相同與否（理論上相同的機率很低），也都算是「**不靈**」，如此占算亦會被認為是沒有意義的。

至於「**可能B**」，因為古人有「**先筮而後卜**」（不同方式）之說，但前題則是「**凡國之大事**」，而且所得的結果不同時，要以「筮短龜長，不如從長」（比較不同方式的悠久程度）為準則。看來遇上重大事件，似乎可以參考不同方式，但在古時的制度上，「筮者」與「卜者」通常會由不同的人擔任（相信可以更加客觀），如此情況就不符合「同一人」的條件，反而應該屬於容後分析的「**可能D**」。

本質上，「**可能C**」是一個很適合進行實驗的情況。筆者曾經構思過一個關於「**共時性(synchronicity)**」的實驗，內容是安排一百個不同的人，在同一時段、不同地點，占算同一事件，然後分析這一百個結果，看看究竟會出現怎樣的「**模式(pattern)**」。到底一百個瞎子會摸到怎樣的象？筆者認為「占算」尤如瞎子摸象，每一次的「占算」，就是一個瞎子摸到的象的一部分，即使之後另一個瞎子「碰巧」摸到同一部分，但這樣仍然不會是象的全部。也許，欲觀全象，唯有知「道」——可知「**全方位(holistic)**」的「道」。

最後分析的「**可能D**」，也是最複雜的，當中還指涉了「**可能B與C**」的一些問題。不同「占者」知道了「問者」重複「占問」，會否因為「人多口雜」，影響了箇中的客觀性？多個瞎子同時摸象，會否造成「**觀測者效**

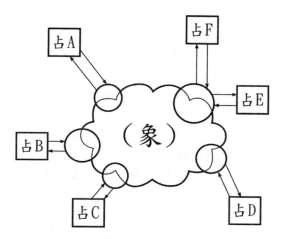

「瞎子摸象」

應(observer effect)」中的互相干擾，導致連象也摸不到(從「測不準」到「測不到」)？「思想實驗」至此，以什麼方式「占算」彷彿已不重要，重要的其實是超過了一個人以外的那種森羅萬象，從微觀到宏觀的「共時性」，箇中的啟示相同與否，觀乎自家的態度。

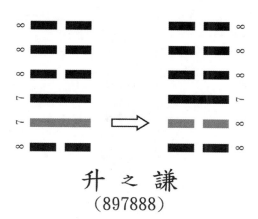

升 之 謙
(897888)

最接近今次課題的，其實就是「**可能D**」。當一個占者遇上其他占者的占算，難免互相比較，特別是結果不同時，不論最終誰家「神準」，也應該思考一下箇中的原理，而不是含混過去就算。至於如何面對「內外有別」這個現實，在2017年有此一問，當時以六枚錢幣的「**擲錢法**」起卦，占得「**升之謙(897888)　–　升九二，孚乃利用禴，无咎。**」(本卦「升，元亨，用見大人，勿恤，南征吉。」之卦「謙，亨，君子有終。」)

本卦的「**升**」，有「**量變而質變**」的意思，從「**質變**」可以引伸到「**差異**」，這正是本課題中關於「**自家內外**」與「**人多口雜**」的重點。

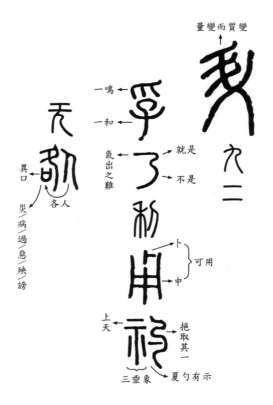

「孚」的「一鳴一和」，意味著自外至內的影響和反應。

「乃，象氣之出難」，有「就是、於是、竟然」之意。從篆書的字形，看到彎曲向上的線條，筆者聯想到廣府話中的「唔係就係」（快讀成「咪係」，類似白話的「不就是」），當中有種「不是 → 就是」的峰廻路轉的意象。在此，可說是「同中有異，異中有同」的那種轉變。

「利用」的「用」字，從「卜」從「中」，有「卜中乃可用」之解說，呼應了本課題中有關「占算」的部分。

「禴」，在夏、商朝時為春祭，在周朝時為夏祭；由於春夏並非農產收成期，百姓只能以簡約的薄薦進行祭祀，在古籍中一般寫作「礿」。「礿」字，從「示」從「勺」；「示」字上「二」為「上天」，下「三垂象」為「日月星」，可作「天啟」解；「勺」為「挹取其一」，「一」，言少也。「挹一有示」，即是「人有誠，神有靈」（《老子》：「神得一以靈」），「祭祀」與「占算」，亦復如是。

「无咎」的「咎」字，從「人」從「各」，本有「災、病、過、惡、殃、謗」之意。「各」，可解作「異口」，而「人之異口」令筆者聯想到《聖經‧舊約》中有關「巴別塔(Tower of Babel)」的故事：大洪水後的人，想從大地通往天上，因此集結一起建造一座高塔，但上帝「混亂(balal)」（與「巴別(babel)」的發音相近）了各人的語言；由於無法溝通，人們唯有放棄工程，繼而流散各地，形成後世各方自有各種的語言。順帶一提：這座後來被稱為「上帝之門(Bab-ilu)」的高塔，亦是塔羅牌中的「塔(The Tower)」的原型。某程度上，「語言混亂」可說是一種「咎」，似乎也可以套入「宗派分岐」的情況。

之卦的「謙」，原意是「敬、讓、致恭、不自滿」；在此可作「語言兼容」之解，正是回應「沒有語言混亂」的「无咎」。

綜觀「升之謙」此占，開宗明義就指出，面對「**人多口雜**」（自量至質的變異），可以「語言兼容」而應之。在「共時性」效應之下，「觀測者」在某一事件遇上的現象都是「示」，包括其他「觀測者」在同一事件遇上的「示」。但對於這些不同的「示」，如何「兼容」（挹取其一）的確是個問題；對於學《易》的筆者而言，答案也許會是「君子有終」的「以易証道」- 占者問《易》，正如君子行「道」。

「道」之於「易」，就是「**窮盡變化的可能**」，而《易經》的**64卦、384爻**，則是「**窮盡二進制與四次元**（長、闊、高的空間加時間）的相互變化的可能」。至於「易占」，即是透過套入了「**原型（archetype）**」（卦爻）的「示」，拆解箇中玄機而知「道」。不過，「一占一示」，就是只知一部分的「道」；若要「兼容」全部的「道」，必須「全占全示」- 將同一事件套入《易經》全部卦爻之中，作「全方位」的解讀，相信自然可知「窮盡可能」的「道」。如是這般，「占者」即是「善易者」，「全占」即是「不占」。所以「善為易者不占」，方可「以易証道」。

正所謂「內行看門道，外行看熱鬧」，對自家以外占算的態度，何妨當作一個有緣人，遇上一件有緣事；緣深緣淺，看內看外，皆有「可能」。

PS：未「証道」前，不敢奢言「不占」。

Kapitel 3

"treading upon the tail of the tiger"

XX013 —「香港的命運」

「香港(Hong Kong)」，相傳為古時**香木流通的港口**。「**香，芳也；從黍從甘**」，原本是指「**禾屬而黏者**」的甜美，在此則是指沉香木的製品，特別是在儀式中所燒的香。「**港**」，為水分流之巷，「**巷，里中道；從邑，從共，皆在邑中所共也**」，或曰「**水中行舟道**」，亦是可供大船停泊的口岸

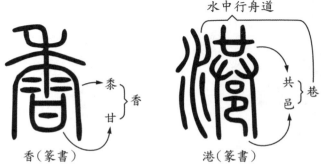

香（篆書）　　　　　　港（篆書）

從文字的「基因圖譜」中，可以解讀到比起「自古以來」的歷史，更為玄妙的地方掌故。正是這小小地方如此大大玄妙，引無數高人開示此地玄機；而玄機當中，又不離命運。

談到「**命運**」，坊間已有非常大量的玄學術數方面的各種說法。尤其是堪輿學，認為此地「**山環水抱，氣聚有情**」，乃係地靈人傑的風水福地。而且據說，此地位處象徵神話世界軸心的**崑崙山**的「**南龍脈**」之中——「**崑崙山是天地骨，中鎮天心為巨物；如人骨脊與項梁，生出四肢龍突兀**」——更為不凡。不過，風水除了本身會隨時間自然轉變之外，亦會受到人為工程的改動（特別是移山填海），所以每過一段時期，總有關於「福地」的更新說法。

對於各家的說法，不得其門而入的筆者，連前文「**對自家以外占算的態度**」提過的「兼容」也無從入手，只能勉強得個「知」字，但亦深表尊重。至於自家的想法，並無正統傳承的筆者，在此只好野人獻曝，分享一下以自家方式所得的結果。

愚見認為，「**命**」是指「**命格**」，屬於「**先天**」範疇；「**運**」是指「**氣運**」，屬於「**後天**」範疇。人的「命」，基本上可以個人出生的年月日時計算；至於「運」，概括一生的可以個人出生時，所定之姓名推斷。理論上，「改名」可以「改運」，但要視乎「新名」的代表性和通行性。正如前文「**自由意志與預知未來的矛盾**」所言，先天的「命格」比較後天的「氣運」相對地更難以改變。

一處地方的「命運」，某程度上亦與一個人的類同，所以利用占算，應該也可得知玄機。由於需要「輸入」的相關「數據」，直接影響到「運算」的結果，因此必須好好的確認。

「香港」的「命」，應該以**此地被命名的時間**，作為「輸入數據」。雖然，據說明朝（公元1368 - 1644年）已有文獻記載「香港」之名，但並無確切的相關資料。權宜之計，唯有考慮一些**關鍵的時刻** – 坊間有流傳以上世紀末所謂「回歸(Handover)」的日子，當作「出生」的年月日時而占算，但這極其量只是一宗「人生大事」而已。竊以為，上上世紀中的「**開埠(Inception)**」才應該算是此地的「出生」——**公元1841年1月26日**。可惜，筆者無法進一步搜尋到當日「**官式升旗**」的確實時間（只找到「**最先上岸**」的時間記錄為當年1月25日上午8時15分）。參考算命時欠缺了時辰的做法，羅列同一日所有時辰的組合，再嘗試從中比對出

相近的「命格」。

在此先將上述時間的公曆轉換為農曆的「**庚子年正月初四**」，再配以**十二時辰**，運用「梅花易數」計算：

上卦為年月日總和除以8之餘數：**子年＝1**，**正月＝1**，**初四＝4**，相加為**1＋1＋4＝6**，「**先天卦數**」的配對為「**坎**」。

下卦為年月日時總和除以8之餘數：年月日相加為**6**，時為十二時辰，即是**1至12**，相加為**7至18**，除以8剩下**1至8**，亦即是所有「先天卦數」(**乾一、兌二、離三、震四、巽五、坎六、艮七、坤八**)的**八經卦**。

變爻為年月日時總和除以6之餘數：年月日時相加為**7至18**，除以6剩下**1至6**，為**初至上爻變**。

如是這般，上下卦配合變爻的結果為以下的十二卦：

子時（23:00 – 01:00）
「**蹇之既濟（687878）**－蹇初六，往蹇來譽。」

丑時（01:00 – 03:00）
「**比之坎（868878）**－比六二，比之自內，貞吉。」

寅時（03:00 – 05:00）
「**需之節（779878）**－需九三，需于泥，致寇至。」

卯時（05:00 – 07:00）
「**節之兌（778678）**－節六四，安節，亨。」

辰時（07:00 – 09:00）
「**既濟之明夷（787898）**－既濟九五，東鄰殺牛，不如西鄰之禴祭，實受其福。」

巳時 (09:00 – 11:00)
「**屯之益（788876）** - 屯上六，乘馬班如，泣血漣如。」

午時 (11:00 – 13:00)
「**井之需（677878）** - 井初六，井泥不食，舊井无禽。」

未時 (13:00 –15:00)
「**坎之比（898878）** - 坎九二，坎有險，求小得。」

申時 (15:00 – 17:00)
「**蹇之比（889878）** - 蹇九三，往蹇來反。」

酉時（17:00 – 19:00)
「**比之萃（888678）** - 比六四，外比之，貞吉。」

戌時 (19:00 – 21:00)
「**需之泰（777898）** - 需九五，需于酒食，貞吉。」

亥時 (21:00 –23:00)
「**節之中孚（778876）** - 節上六，苦節，貞凶，悔亡。」

程序上，會根據這十二卦的意象，去比對「香港」的實況，從中確認最接近的一卦為其「命格」。礙於篇幅所限，無法在此逐一比對，而筆者又有個直覺：既然記錄提過「上岸」翌日才「升旗」，何妨假定那時是廿四小時後的「**上午8時15分**」，亦即是當日的「**辰時**」（那時「升旗」也合乎情理）。

以這組年月日時，占得「**既濟之明夷(787898) - 既濟九五，東鄰殺牛，不如西鄰之禴祭，實受其福。**」 （本卦「既濟，亨，小利貞，初吉終亂。」之卦「明夷，利艱貞。」）

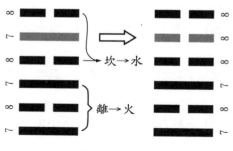

既濟 之 明夷
（787898）

「**既濟**」即是「**已渡**」——「**既**」有「**穀香已化逆氣**」之意，「**濟**」有「**水禾齊平過渡**」之意——由於上卦為「**坎**」，為「**水**」；下卦為「**離**」，為「**火**」；所以丹道方面有所謂「**水火既濟**」的說法，即是陰陽調和的完成階段。作為意象，「**既濟**」的「**外水內火**」（由初爻至上爻，也可視作由內至外，故此上卦即外卦，下卦即內卦），正好形容「**外港口，內香木**」的地方屬性。根本上，「**已渡**」就是作為「**航運**」的目的。

本爻辭在史事方面，有說是描述商朝（公元前1600－1046年）晚期，東面的殷人（紂王）殺牛獻牲，西面的周人（西伯侯）薄薦禴祭，前者不及後者受到上天的福報實惠。基於相傳《易經》爻辭為周文王或周公旦所撰，難免有「**褒周人之意誠**（物輕情意重），**貶殷人之不合時宜**（春夏不宜「太牢」－ 殺牛大祭），**最終天祐周人**」的暗示。

對於一處「外港口，內香木」的小小地方，本來就沒有凡事好大喜功的習性，有

的只是「細有細做」的品格，但卻成就了實事求是的「福地」。不過，「命」中註定有「殺牛」之鄰（「**鄰**」可作「**邑如鬼火伴行**」之解），縱使日日虔誠地燒香拜神，依然難免會發生本卦卦辭的「**初吉終亂**」，以至於之卦的「**明夷**」──「**日月之光被大弓所傷**」──唯有在艱苦之中（「**艱**」字有「**黃土黏阻難治**」之意），堅守正道，自求多福。

關於「香港」的「命格」，以上只是筆者假定的說法－或許也算是一種「**共時性(synchronicity)**」效應，不妨聊備一格。至於「香港」的「氣運」，「**輸入數據**」方面相對地簡單，只需要「香港」二字（繁體漢字）的筆劃數目，便可以運用「梅花易數」計算：

「香港」二字分別是9劃和12劃，各自除以8，餘數分別是1和4；根據「先天卦數」，占得本卦為「**乾(777)**」上「**震(788)**」下的「**无妄(788777)**」卦；再以二字的筆劃相加，等於21劃，除以6之後的餘數是3，占得第三爻變，變成之卦為「**乾(777)**」上「**離(787)**」下的「**同人(787777)**」卦。

「**无妄之同人(786777) – 无妄六三，无妄之災，或繫之牛，行人之得，邑人之災。**」（本卦「无妄，元亨利貞，其匪正有眚，不利有攸往。」之卦「同人于野，亨，利涉大川，利君子貞。」）

「**妄，亂也。**」古人認為「**亡女**」有「**亂**」，反之「**室中有女**」為「**安**」，亦即「**无妄**」。現今對於「女」的解讀，可以從其「**揜斂自守**」的意象切入，雖然古文的形象令人聯想到古裝（特別是日本和服）女子席地跪坐的姿態，但撇開性別的刻板印象，也可以想像成武者蓄勢

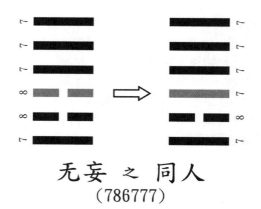

无妄 之 同人
(786777)

待發的模樣，正如「**靜若處子，動若脫兔**」的比喻。當然，回到最純粹的解釋就是：沒有輕舉妄動。

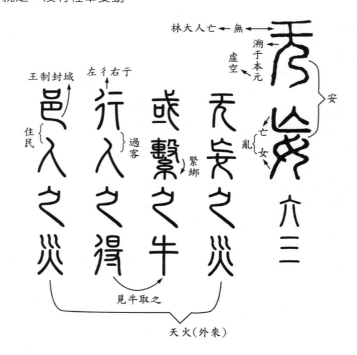

順帶一提：「无」字原是一個很古老的奇字（「奇字，即古文而有異者也」），出現在古書如《易經》卦爻辭之中，一般解釋會等同於「無」字。然而，「**無**」字本意是「**林大人亡**」，掩蓋人跡的大片森林，引伸為「**由有到冇**」。至於「无」字，則有「**溯于本元**」之意，有生於絕對虛空的無，也就是所謂的「**本來就冇**」。兩者相比，箇中存在著時間上的先後之別。

雖然「**无妄**」，但總有意料之外的「**災**」（「天火曰災」，天意難料）。縱使自邑不「**殺牛**」，甚至綁緊賴以為生的「**牛**」，仍有機會給路經此地、左右逢源的「行人」見而取之。這就是生長於這個「**王制封域**」的「**邑人**」的「**无妄之災**」。

「**无妄之災**」，從爻辭變做成語，用來形容生於斯、長於斯的「**香港人**」的處境，不可說是不貼切——一動並非不如一靜。一直以來，「香港」都是「**過客**」謀求好處的地方，連帶「**住民**」（安居）也朝思暮想成為「過客」（妄動）。也許，正如之卦卦辭的「**同人于野**」，預示將來的「**行人**」和「**邑人**」，盡皆化作「**同人**」，無分彼此，共同生活在「**邑外之外**」（「邑外謂之郊，郊外謂之野」）；如此氣運，有福同享，有禍同當。

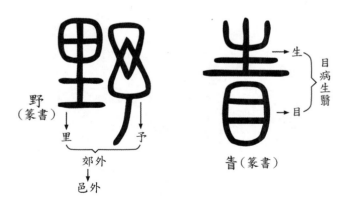

野
（篆書）

里　予

郊外
↓
邑外

生
目
目病生醫

睂（篆書）

化作「**同人**」之前，如要繼續當個「**邑人**」，唯有繼續「**无妄**」，繼續堅守正道（因為「**其匪正有眚**」-「**匪**」，並非也；「**眚，目病生翳**」，為「**妖病**」）。化作「**同人**」之後，也許還有機會當個「**行人**」，真的可以「**利涉大川**」；否則，唯願可以「**利君子貞**」。

有緣生長於這處臥虎藏龍之地，對於占算「香港」的「命運」，筆者在此分享的未必是什麼玄機，反而只是一篇拋磚引玉的實驗報告，箇中目的實情是期待隱世高人，有緣開示「消災解難」的法門。

至於，「香港人」個別的「命運」，是禍是福，當然無法一概而論，始終還看各自各的造化。

僻知訊息
一直以來，「香港」都是「過客」謀求好處的地方，連帶「住民」（安居）也朝思暮想成為「過客」（妄動）。也許，正如之卦卦辭的「同人于野」，預示將來的「行人」和「邑人」，盡皆化作「同人」，無分彼此，共同生活在「邑外之外」。

XX014 ─「華夏文明在香港的傳承」

「**中國有禮儀之大，故稱夏；有服章之美，謂之華**」。「**夏**」，象有首、兩手、兩足之形，為上古時代**有別於北方之狄、東北之貉、南方蠻閩、西方之羌、西南焦僥、東方之夷的中國之人**；「**華，榮也**」，花朵垂垂之象，引伸為《禮記‧曲禮》之中「**為國君者華之**」（先秦時「**削瓜**」的禮儀，作為一國之君，必須「**中裂之，不四拆也**」）的「**切中**」意涵；「**華夏**」正是古人以「**中**」為尚的一個概念，衍生了後來「**易學**」的「**得中**」、「**五行**」的「**以中央黃帝為尊**」、「**儒家**」的「**中庸之道**」……等說法，然而箇中崇尚禮法與美學的精神，才稱得上是真正的「**華夏文明**」。

「**華夏文明**」本身是一個很大的課題，內容涵蓋的範圍也很廣泛。在此，只能略談一下有關「**語言和文字**」的部份，而這部份對於「**香港**」來說，亦有很特別的意義。

現今的香港，主要通行的語言是**廣府話**，又稱**廣東話、粵語**。根據考究，原本為**中原語言**，後來隨人口遷徙至**嶺南**，與當地語言結合，逐漸演化為現今的模式。然而，在形勢不斷改變之下，本來傳承了古雅華語的廣府話，其通行空間越來越小，大有瀕臨「**絕種**」之虞。前文「**對自家以外占算的態度**」提過「**上帝混亂了人類的語言**」，令筆者聯想到，語言的自然發展會是傾向多元化的，反而刻意統一語言才是逆天行事。

2014年，就「**廣府話在香港的命運**」此課題，以「隨機數字生成器(random number generator)」(配合當時手機顯示的時間)起卦，占得「**中孚之渙(978877) － 中孚初九，虞吉，有它不燕。**」(本卦「中孚，豚魚吉，利涉大川，利貞。」之卦「渙，亨，王假有廟，利涉大川，利貞。」)

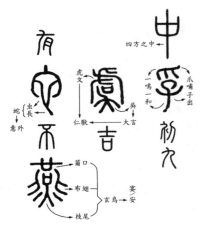

風←巽

水←坎

中 孚 之 渙
(978877)

「**中孚**」的「**中**」，正是「華夏」的「**四方之中**」概念；「**孚**」的「**爪哺子出，一鳴一和**」，也正是「**母語**」(中原古語)及其衍生的「**子語**」(廣府話)的互相呼應。

「**虞，騶虞也，白虎黑文，尾長於身**」，由於不殺生，只食已死動物之肉，而被稱為「**仁獸**」(另有說「**鳳為仁、龜為義、麟為禮、龍為智、虎為信**」)。古時，掌管山澤、草木、鳥獸的官吏，也被稱為「**虞官**」、「**虞人**」。虎本是「**山獸之君**」，故此山林亦為其地盤。再者，「**虞**」字下部的「**吳**」字，意為「**大言**」，即是「**開口大聲說話**」。正如目前的廣府話，仍然能夠在香港這個

地盤「擘大口講」，仍然是合法的慣用口語。

「它，蟲也。從虫而長，象冤曲垂尾形」，即是屬於爬蟲類（Reptilia）的「蛇」。上古草居時或有蛇患，後人遂有問候無恙之語為：「無它乎？」「它」亦引伸為「意外」之意（至於形容死物則為後話）。「燕，玄鳥也」，春分時來，白露時（秋分前）去；傳說「天命玄鳥，降而生商」，商朝的殷人相傳其先祖為玄鳥所生。而民間認為，燕子築巢於人家簷下，代表家宅風水好，可以安居於此。

提到風水，筆者聯想起多年前有關「心經簡林」的都市傳說：這一組位於香港大嶼山木魚山東麓的木刻佛經群，原來是一個「鐵釘毒蛇風水陣」，目的是釘死鳳凰山的象徵、四靈之一、百鳥之王的鳳凰云云。另外佛經有云：「天龍八部」中的「迦樓羅」（漢譯「大鵬金翅鳥」），每日要食一個那伽王和五百個那伽（印度神話中的蛇神）。由此可見，蛇與鳥存在著某種緊張的關係。

「有它不燕」，蛇好食鳥與蛋，故有蛇之處則非燕安之所。「不」字，象「鳥飛上翔不下來」之形，暗示了燕子因蛇患而一去不回，正如本土語言可能因外來語言此消彼長的「威脅」，而大有失魂落魄、高飛遠去的趨勢，這也正是呼應了之卦「渙」的意思：風水散流（「渙」卦上「巽」為風，下「坎」為水）。而且，本卦與之卦皆有「利涉大川」之辭，也許喻意廣府話的命運，有緣要在海外延續（還要靠「王假有廟」，收「魂」納「魄」）。

語言之外，另一相關的「華夏文明」就是文字。傳說「昔者倉頡作書，而天雨粟，鬼夜哭。」「作書」即是「造字」，而這位「造字」的「神人」，天生「雙瞳四目」，在在顯示文字本身，自有其非凡之處。至於，目前通行於香港的，是源遠流長的正體漢字（又叫「繁體中文字」），現時也只有少數地方仍然使用（情況比起廣府話較好）。

2009年，就「**中文繁體字的趨勢**」此題，以「**繁體**」二字的「梅花易數」起卦，占得「**咸之小過（887798）- 咸九五，咸其脢，无悔。**」(本卦「咸，亨利貞，取女吉。」之卦「小過，亨利貞；可小事，不可大事，飛鳥遺之音，不宜上，宜下，大吉。」)

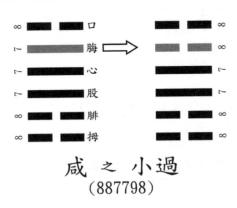

咸 之 小過
（887798）

「**咸，皆也，悉也，從口從戌**」：「**口**」，即是構成與「**皆**」同義的「**同**」字的中心部分；「**戌**」有「**萬物盡滅**」的意思，可以連結到解作「**盡**」的「**悉**」，亦有注釋為「**速**」和「**無心之感**」。綜合以上的解釋，套用現代的說法，可以說是類似「**同步(synchronize)**」的概念。能夠與人「同步」的文字，讀寫時應該不會對人的思維，產生「**親不見，愛無心**」的影響；而且，人更應該尊重文字本身，正如本卦卦辭的「**取女吉**」：傳統上，「**已嫁曰婦，未字曰女**」，「**取女**」即「**娶**」，古時嫁娶之事，必先有「**女子許嫁，笄而字**」之禮，禮法的根本就是對人、對物、對

事的尊重。

「咸其脢」：**「脢」**有**「背脊肉」**、**「夾脊肉」**、**「脊側肉」**、**「全背肉」**的多種說法，在**「易學」**方面，則為**「心之上，口之下」**（**「咸九四……朋從爾思」**，為**「心」**，**「咸九五」**在其上；**「咸上六，咸其輔頰舌」**，為**「口」**，**「咸九五」**在其下），縱有所感亦無所應；而街市肉檔裡，出售被稱為**「柳脢」**的豬瘦肉，其肉相連於脊骨下面與大排骨之間，據說是豬肉之中最柔軟的部位，原因正是活動量不大。這就是一種**「同步」**於**「背後」**的模式，亦意味著**「中文繁體字」**與世人的**「同步」**，可能會留在世界舞台之後，韜光養晦，也自然**「无悔」**。

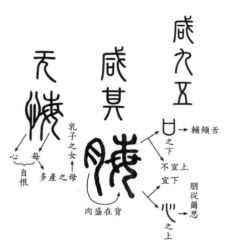

「悔者，自恨之意」；而當中的**「每」**字，則作**「草盛上出」**之解，字形為**「多產之母」**（**「母」**又即是**「乳子之女」**）；**「心多」**，會有想到**「重新再做」**的**「悔」**意。前文**「易占之中，如何做到先知先覺？」**曾提過關於**「月相(lunar phases)」**的**「晦」**，意即**「日盛月衰」**（**「明月盡而日如故」**- 這是漢字的多重意涵）；也許，還可以引伸到**「海」**的**「水盛土衰」**、**「侮」**的**「人盛我衰」**、**「脢」**的**「肉盛骨衰」**、**「悔」**的**「心盛身衰」**……等等。

當本爻辭同時有著以**「每」**為字根的**「脢」**和**「悔」**，筆者直覺地將二字的意涵，重新定義為**「肉盛心衰」**和**「心盛肉衰」**（**「肉」**即**「肉體」**，**「心」**即**「心智」**），再做比對之下，便會發現**「有脢無悔」**的

多重指涉：此消彼長的另一種「文字」，能夠「同步」的只是人的肉體，而不是人的心智。

關於趨勢，正如之卦「**小過**」的卦辭「**可小事，不可大事**」所示，唯有留在縮小了的空間，繼續「**細有細做**」。作為「**飛鳥遺之音**」的傳統華文，沒有了出「**口**」（「不宜上」-「胸」之上為「口」），唯有銘記「**心**」中（「宜下」-「胸」之下為「心」）；雖然呼應了上一卦的「**鳥飛上翔不下來**」的意象，但被「遺」下的「音」，又是「**生於心，有節於外**」（「節，竹約也」，可引伸為「符法」），相信可望回復正朔。這又是另一項實驗的課題了。

無論「易占」與否，廣府話與正體漢字似乎早有「**道不行，乘桴浮于海**」之「預兆」。然而，對於相關的「華夏文明」在本土傳承的機會，仍然存有一份希冀。故此，在2016年，再就「**華夏文明在香港的傳承**」之題，以六枚錢幣的「擲錢法」起卦，占得「**大過之恆（877798）–大過九五，枯楊生華，老婦得其士夫，无咎无譽。**」（本卦「大過，棟橈，利有攸往，亨。」之卦「恆，亨，無无，利貞，利有攸往。」）

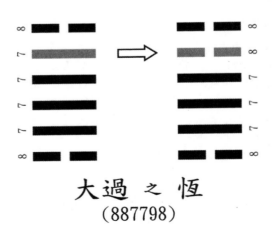

大過 之 恆
（887798）

「**過**」，有「**行止斜戾**」、「**偏離正道**」之意。上一占的「**小過**」，只是偏離了幾成之內，原則上還有返回正道的機會；至於這一占的「**大過**」，則是偏離了幾倍之外，基本上已經不知正道的方向。如是這般，「正道」也難見「文明」。

「**枯楊生華**」（爻辭明顯地提示了「華夏」的「華」），「楊」已「枯」，何況「香木」？縱使「生華」，也不過是「**迴光返照（terminal lucidity）**」而已。「華」除作「花」解，亦作「光」解，似乎喻意了「文明」的前景黯淡。

「**老婦得其士夫**」，不同於對上一占所「**取**」的「**女**」，「**老婦**」得「**夫**」容易得「**子**」難，雖有「**家室**」但無「**字**」（「字」又可作「室中有子」、「孕」解）。無「字」在此，彷彿呼應了上述的「文字」處境。

「**无咎，无譽**」，沒有了「**混亂語言**」（「咎」為「各人異口」），也沒有了「**可與之言**」（「譽」字上部的「與」，有「朋群一勺」之意），也

即無「言」。無「言」於此，彷彿同樣呼應了上述的「語言」處境。

「恆，常也；從心從舟，在二之間上下。」 之卦卦名意謂著**「心如舟之往復於此岸彼岸」**的**「常態(normal)」**，根本又是「乘桴浮於海」的意象。再從本卦與之卦卦辭的**「利有攸往」**來看，此處不傳承，自有傳承處。

傳說中，語言有其**「言靈」**，文字可作**「符法」**；在正道的禮法與美學的氛圍之下，一音一形，皆可通**「神」**；本土無**「神」**，音形他往；本土有**「神」**，音形自復。

僻知訊息

廣府話：本土語言可能因外來語言此消彼長的「威脅」，而大有失魂落魄、高飛遠去的趨勢，這也正是呼應了之卦「渙」的意思：風水散流（「渙」卦上「巽」為風，下「坎」為水）。而且，本卦與之卦皆有「利涉大川」之辭，也許喻意廣府話的命運，有緣要在海外延續。

繁體字：「中文繁體字」與世人的「同步」，可能會留在世界舞台之後，韜光養晦，也自然「无悔」。

XX015 ——「西遊記的拆解」

《西遊記》，初與《水滸傳》、《三國演義》、《金瓶梅》並稱「**四大奇書**」，後人以《紅樓夢》取代了《金瓶梅》，改稱「四大名著」，聞名遐邇，亦被中外各種媒體改編了無數次，尤其是《西遊記》更是箇中之最。

從來只知「**馬騮精隨唐僧取經**」的**《西遊記》**，原來還有關於「**八仙過海**」的《東遊記》、「**華光神君救母**」的《南遊記》、「**真武大帝出身**」的《北遊記》，與經過刪節的《西遊記》合刊為《四遊記》，相信是明清時期的書商，借助《西遊記》的名氣而編集成書，可見「神怪小說」特別受人青睞。

然而，《西遊記》並不只是一部「神怪小說」。一直以來，學術界對於這部經典，有過各式各樣的研究和理論，被認為箇中包括**儒**、**釋**、**道**三教的訊息，至於最富神秘色彩的是指此書實乃一本「**丹道修煉**」的秘笈（故有作者應是全真道士丘處機之說）。

「易學十宗」的丹道宗，其中有前文「**自由意志與預知未來的矛盾**」提過的《周易參同契》，正是一部以「易理」演繹的「煉丹術」（與西方「煉金術（alchemy）」可謂異曲同工）著作，當中的術語亦多有出現在《西遊記》之內。坊間引用最多的就是出自「心猿不定，意馬四馳」的「心猿意馬」：「馬騮精」比喻為「不定的心」，「白龍馬」比喻為「四馳的意」，「西天取經」喻意的是「煉丹」（養生的「內丹」，而非早期有關藥物的「外丹」）過程中，對於「心意」的修持。

再者，又有以「五行」配「五師徒」：「火」配「唐三藏」，「金」配「孫悟空」，「木」配「豬八戒」，「土」配「沙僧」，「水」配「白

龍馬」（眾說紛紜中的一個配對），各位「主角」相生相剋的格局，加上
與諸天各地「神魔」的互動，構成了一百回的、「九九八十一難」的修
煉秘儀。

查實，「易理」與《西遊記》的關係匪淺，包括了《易經》六十四卦。
大約三十年前，筆者在某學會中讀到某本期刊，當中一篇文章除了指出
《西遊記》有著似是讖緯的預言之外，也提及書裡的情節，基本上是
根據《易傳・序卦》的六十四卦排列次序而編寫的。情況有點類似菲利
普・狄克(Philip K. Dick)所著的科幻小說《高堡奇人》(The Man in the
High Castle, 1962)，作者以《易經》占卦決定故事發展，而且故事人物
亦常常占卦問《易》。雖然只是《易傳》的一個約定俗成的線性序列，
但對於故事的線性發展也有一定的「共時性(synchronicity)」啟示作
用。筆者還有印象的是「觀音大士」的情節是來自「觀」卦的說法，可
惜僅憑久遠模糊的記憶，無法作出進一步的考究(至於文章還有關於「龍
王三太子化作白馬坐騎」的隱喻，也不敢在此多說了)。

2012年，因為一個「神秘學課程」，對於很多由老師提出的概念，筆
者均大感興趣，從「火種」到「紅孩兒」，也曾私下大膽嘗試以「易
占」拆解，其中以「西遊記」三字的「梅花易數」起卦，占得 **履之乾**

（776777） –履六三，眇能視，跛能履，履虎尾，咥人，凶，武人為于大君。」（本卦「履虎尾，不咥人，亨。」之卦「乾，元亨利貞。」）

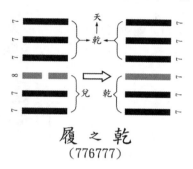

履 之 乾
（776777）

「**履之乾**」：「**履，足所依也，引伸之訓踐**」（留意篆書「履」字的「尸」之下，「從彳夊，從舟，舟象履形」，而不是「復」字）；「乾（777777）」卦上下皆「**乾(777)**」，「乾」為「天」，可以延伸為「天竺」之象（「竺，厚也」；「天之厚」即上下皆「乾」），可以解作「身體力行，往天竺，取西經」（「履（778777）」卦上「乾（777）」下「兌（778）」，「兌」於「後天八卦」之方位為「西」），作為元本的「行者」，不是後來的「孫行者」，而是附會「六三」的、消極常備的「唐三藏」。無論是現實還是虛構，「唐三藏」一路都是「西遊記」的真正主角。

文王後天八卦

「眇能視，跛能履」，**目不正而可見示，行不正而可實踐**。雖然看似暗示名號「悟能」但卻無能的「豬八戒」，但其實更加反映到「唐三藏」本身的狀態。本來只是凡人一名，奉了天命遠赴異域，仿如置身「偏盲偏廢」之下，過程中反而**「能視能履」**，除了一眾徒弟的護送之外，憑著的就是一份堅定的「心意」（足以收服「心猿意馬」的能力）。

「履虎尾，咥人，凶」，與本卦卦辭剛剛相反（「履虎尾，不咥人，亨」，所恃的是**「說而應乎乾」**的「伏虎」之道），指出了「西遊」之路上，充斥著致命的凶險（作為「西方靈獸」的正是「白虎」，屬「金」，有殺氣），尤其是「為了長生而咥唐僧肉」的大小「妖怪」。這亦是「唐三藏」宿命中的「九九八十一難」的主要部份。

「武人為于大君」，一般有兩個解法：一是**「武士要成為至大君主」**，另一是「武士所做的是為了至大君主」；前者為叛逆，後者為效忠。在

此的「武人」角色，當然非勇武的「孫悟空」莫屬，套入前者的解法，即是「拜師」前的「大鬧天宮」；至於後者，則是「拜師」後的**「西天取經」**。「為，馬猴也，其為禽好爪」，從「成為」到「為了」，從「悟空」到「行者」，「馬騮」也可變主角。

元本的「行者」，收了「孫行者」為徒，主角也由一人化作一人三妖一馬，一心一意一路行到了「天竺」，修成了「乾」的正果——之卦卦辭**「乾，元亨利貞」**——被封為**「旃檀功德佛」**的「唐三藏」，為**「一氣兀始」**的「元」；被封為**「鬥戰勝佛」**的**「孫悟空」**，為「二亭相通」的「亨」；被封為「淨壇使者」的「豬八戒」，為「刀割禾斷」的「利」；被封為「金身羅漢」的「沙僧」，為「卜鼎正定」的「貞」；至於被封為「八部天龍馬」的「白龍馬」，可說是「日始出，氣上游」的「乾」（《易傳·說卦》：「乾，為馬」），一卦六爻皆變「龍」（初爻潛龍、二爻見龍、三爻乾龍、四爻躍龍、五爻飛龍、上爻亢龍）。「西遊」至始，又是一個新的開始。

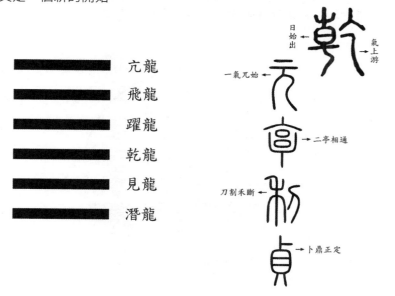

亢龍
飛龍
躍龍
乾龍
見龍
潛龍

從這一占的卦象可以看到，作為一部表面是「神怪小說」的《西遊記》，也可以是一個「歷險」的原型（archetype）。「唐三藏」這個元本的「行者」，其實可算是「**千面英雄（the hero of a thousand faces）**」中的一面，一行人的「西遊」也可算是一趟「英雄之旅（hero's journey）」。在此簡介一下喬瑟夫‧坎伯（Joseph Campell, AD1904-1987）的這個理論模型：

I） 啟程
1）冒險的召喚→2）拒絕召喚→3）超自然的助力→4）跨越門檻→5）鯨魚之腹

II） 啟蒙
6）試煉之路→7）與女神相會→8）狐狸精女人→9）向父親贖罪→10）神化→11）終極恩賜

III） 回歸
12）拒絕歸返→13）魔幻逃脫→14）外來的救援→15）跨越歸返的門檻→16）兩個世界的主人→17）自在的生活

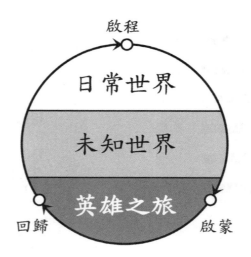

根據這個以心理學分析神話敘事的、對故事創作影響深遠的模型，會發現「一個人從平凡的日常世界，進入非常的未知世界」的處境，存在著一套「**單一神話(monomyth)**」的公式，而這套公式在某程度上，也就是從「不變」到「變」的「易理」。

牽扯到「**神話心理學**」的範疇，並非原來以「易占」拆解「西遊記」時，所預期的結果。如此一來大可不占，但不占又不知如此；況且，占也是「變」的某種契機，正如《西遊記》中袁守誠的占，沒有其占也恐怕沒有後話的「西遊」之旅。

話說，袁守誠乃書裡虛構的一位算卦先生(設定為「易學」大師、與李淳風合著《推背圖》的袁天罡的叔父)，因其占算天氣神準，惹得涇河龍王鬥氣變天而犯下死罪，本來龍王求得唐太宗阻止大臣魏徵(元神出竅時為天官)行刑，但魏徵最終亦在夢中把龍王斬首，陰魂不散的龍王因此而對唐太宗作祟，雖有魏徵安排秦瓊和尉遲恭兩位將軍的鎮守(後人以二將之畫像作為「門神」，亦有以魏徵畫像作為「戶神」──雙「戶」為「門」)，但唐太宗也難逃病重身亡，往陰間地府走了一回，目睹眾生之苦難，還陽之後任命玄奘法師，往西方天竺求取「經、律、論」三藏之佛經，帶回東土大唐普渡眾生。

可惜，書裡再沒有關於袁守誠的後話，既然其占算間接成就了這趟「西遊」之旅，那麼這位神準的算卦先生的真正身份，有否可能就是一路上，作出安排和照應的觀世音菩薩？至於涇河龍王，又有否可能一早被安排，成為整個事件的關鍵角色，命中註定應此一劫？以上個人的空想，也許一早存在於原著以外的另一文本之內。

正如前文的「一人有一本易經」，一人也會有一部《西遊記》，每一個人也應該從中取得屬於個人的「西經」──「經」當然不是「經書」，而是「經歷」。

"the tiger bites the man, misfortune"

僻知訊息

「一個人從平凡的日常世界,進入非常的未知世界」的處境,存在著一套「單一神話(monomyth)」的公式,而這套公式在某程度上,也就是從「不變」到「變」的「易理」。

Kapitel 4

"his neck is fastened in the wooden cangue"

XX016 —
「申辦2000年的奧運」與「調查2012年的火種」

1993年，緣起於某月某日的言談間，某君說到**「是次申辦2000年奧林匹克運動會（Olympic Game），某大國看似大熱勝出」**云云。於是，筆者私下以三枚錢幣的「擲錢法」起卦，占得**「謙（887888）」**卦：「謙，亨，君子有終。」

以三枚錢幣，擲六次所占得的卦，除了一爻變之外，也可能有多爻變，更可能有這一占的無爻變（機率是第三大的17.8%）。由於沒有變爻，當然也沒有之卦，故此只需對解讀本卦的卦辭（詳情請參閱前文「擲錢法的變通？」）。

「謙，敬也」；因為對於言說的兼容（「兼，并也」，象「手持二禾」之形），所以不自滿、有而不居。《謙・象》：**「天道虧盈而益謙，地道變盈而流謙；鬼神害盈而福謙，人道惡盈而好謙。」**正是儒家思想的「謙受益，滿招損」。

「謙」除了「亨」的通達之外，更是「君子有終」。

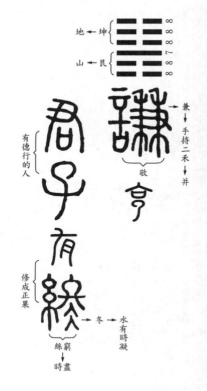

「君子」，以古人標準而言，是指有德行的人；《易傳・大象》的六十四條象辭之中，有五十二條是以「君子」的行為，發揮該卦的道德意義（其他的是「先王」、「后」、「大人」、「上」）。《謙・象》：「**地中有山，謙，君子以裒多益寡，稱物平施。**」（「謙（887888）」卦上「坤（888）」下「艮（887）」，「坤」為「地」，「艮」為「山」）。

「終」，由「**絲窮**」引伸至「**時盡**」之意（當中的「冬」，正是指「水有時而凝」之時，亦是指一年四季的最後一季）；「有終」，即是有緣經歷了「春夏秋冬」的過程，也就是擁有「生命」的完整周期，反之則是發展不足的夭夭。

因此，「**君子有終**」即是「**君子**」的德行，特別是以「謙」所展現的德行，可以達到完美的結局，修成正果。

乍看之下，這是一個好的卦。「謙」卦的卦爻辭，基本上可謂六十四卦之中最好的，全卦的占斷不是「吉」就是「亨、利、貞」，最不好的也只是「无不利」，假如占問「謀事」，最終應該也有所成。然而，此占本卦不變，意味著這是一個未有變化的狀態，亦即是有些事情仍未能確定。在「易理」上，發生一些好的變化，也需要符合一些好的條件（類似佛家的「種善因，得善果」）。

一次運動會的申辦，根本與一場競賽無疑，同樣考驗了參賽者的體育精神。解卦的當下，一直呼聲甚高的某大國，顯得既意氣風發又志在必得，似乎與「謙」的意象格格不入，令人很難批出「有終」的斷言。後來，筆者向某君表達了「看淡」的想法，但並沒有交待箇中的玄機。評審公佈的翌日，筆者才由訂閱的日報得知，主辦權落在另一個相對地「君子」的國家手上，而某大國最終只有空手而回，事後被稱為「兵敗蒙特卡洛」。

由此可見，單憑卦爻辭的吉凶，未必可以直接批定某一占問的吉凶，除了文字表面的意義之外，還需要考慮事件在某時某境的客觀條件。當然，如果可以解讀到文字裡面的另一重意義，就有可能發現到不一樣的卦象。另外，能夠運用「福至心靈」的直覺能力，甚至有機會看到文字以外的徵兆。正如當時並無占得「旅」卦，但也真的在電視新聞中，看到**先笑後號咷**的畫面；執筆之時才想到，事情的十五年之後，又真的出現過「**鳥焚其巢**」的影像（「旅上九，鳥焚其巢，旅人先笑後號咷，喪牛于易，凶。」）。

同樣與奧運有關的「火」的意象，當然不得不提到「**奧運聖火(Olympic Flame)**」，這亦與奧運本身同樣有著古希臘神話的淵源。神話中，四元素之一的火原本是**奧林匹斯山(Mount Olympus)**的神物，而**眾神之王宙斯(Zeus, king of the Olympian gods)**禁止地上的凡人使用，直至**普羅米修斯(Prometheus)**偷取了此物，並且交給人們作為火種；雖然之後大家也受到神的懲罸，但此事亦進一步推動了人類的文明。弔詭的是，後來人們舉辦與宙斯慶典相關的奧運大會時，從神殿運送聖火到達會場，作為紀念火種傳承的儀式。

2012年 – 2000年後的第三次奧運，在「世界末日」的陰影之下順利舉辦。當時筆者參加的「神秘學課程」，在老師提出的課題中，有一項正是十分「應機」的「火種」（當年「剛巧」有一部相關的科幻電影上映）。熱衷於「易經實驗」的筆者忽發奇想，以象徵「火」的「離」卦的卦爻辭，拆解這個神話傳說中的事物，並且冒昧地向老師提交了報告（後來在網上的社交媒體發表時，做過一些整理；今次執筆時又再編排過，但盡量保留了原本的字句）。

旅上九 鳥焚其巢 旅人先笑後號咷 喪牛于易 凶

本卦「離（787787）」：

離：南方朱雀（火之鳥）神，引伸為游離天上（天南地北）的火元素。

利貞，亨：收穫有效果、堅定可持續而流通。

畜牝牛：以象徵「無限收納」的母牛（大地）使之
　　　　不斷孳生。

吉：善可「氣」生。

火種……從天而降……盛器……薪火相傳……

「**離**」一卦六爻，變易為六個之卦，可以被理解
為「火種」從天到地，再到人間的互動過程。

「離之旅（987787）」：

離初九：火聚將用。

履錯然：實踐（重復）於交互不齊之燃點（肉之火
燒）。

敬之：肅清亂草以尊重「神火」。

无咎：以補火災之過。

火種之失所……

之卦「旅（887787）」：

旅：流離失所，沒有正當之落腳點（履錯然）。

小亨：低度流通。

旅，貞吉：繼續流離失所，堅定而守正（敬之），
　　　　　善可「氣」生。

火種隨從某支「旗號」，流浪在外，未能光
大。

「離之大有（767787）」：

離六二：火散有存。

黃離：土色（五行中位）之火，可謂

「天火過渡至地火」，漸受控製的境況。

元吉：火點重新開始，活「氣」。

火種之掌握……

之卦「大有（777787）」：

大有：高度所有（黃離）。

元亨：從源頭以至流通。

火種被人正式持有，火頭可以有所擴大。

「離之噬嗑（789787）」：

離九三：火聚常用。

日昃之離：如太陽西斜之火（入於地），燃燒
高溫逐漸低落。

不鼓缶而歌：沒有類似「鼓舞士氣」的振作
（正能量），以補充火之元氣。

則大耋之嗟：等於十分老化時之苟息殘喘（負
能量），火勢漸弱。

凶：惡使「氣」死。

火種之咬定……

之卦「噬嗑（788787）」：

噬嗑：咬而合之（歌），同而化之。

亨：流通。

利用獄：收穫於使用戌守之所（嗟）。

火種已經衍生大量火頭 - 為人所頻繁使用，但
也受到嚴密守護（犬圖騰）。

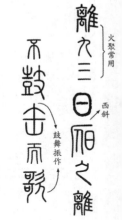

「離之賁（787987）」：

離九四：火聚再用。

突如其來如：火自地穴冒出，捲土重來。

焚如：火燒林木，失控成災。

死如：傷及人命，心生恐怖。

棄如：生靈塗炭，自然離棄。

火種之燦爛⋯⋯

之卦「賁（787887）」：

賁：貝上生卉，外表裝飾 (焚如，死如，棄如)。

亨：流通。

小利有攸往：低度收穫於有目的地前往。

火種再次被人開發：可能用於取悅神明之祭祀，
但火候不足，損大於益。

「離之同人（787767）」：

離六五：火散大存。

出涕沱若：因傷亡而傷感，以水流剋制火炎。

戚嗟若：水火相迫之下，化為氣流而發洩之。

吉：善可「氣」生。

火種之合流⋯⋯

之卦「同人（787777）」：

同人于野：合流於群外之外，以示中立。

利涉大川：收穫於高度冒險 (沱若)。

利君子貞：收穫於守規矩者之堅正 (嗟若)。

火種以複製火頭遍傳世上，在勇於實驗之下，
御火之術亦臻完善。

「離之豐（787789）」：

離上九：火聚盡用。

王用出征：以一貫三(天地人)者運用火
　　　　　器，以正制邪(勝者為王)。

有嘉折首：以善念(正能量)激動人心，有
　　　　　效率地消滅禍首。

獲匪其醜：捕獲不殺的，並非受到惡念(負
　　　　　能量)影響的敗類。

无咎：以補戰火之過。

火種之全盛……

之卦「豐（787788）」：

豐：盛大收成。

亨：流通。

王假之：以一貫三者假借其力（出征）。

勿憂：不必垂頭擔心（有嘉）。

宜日中：適合如太陽高照之處境（匪其醜）。

火種在王族(可能是「燧人氏」、「烈山氏/炎帝」、「有熊氏/黃帝」或
某一脈相承的王族)的傳承中，成為擴大勢力的武器，也使其發揮極大威
力。

「火種」的互動過程，至此之後，已經成為人類文明不可或缺的日常工
具，直至他日，再被其他的能源完全取代為止。

以上的另類拆解，是純粹透過《易經》卦象中的**原型(archetypes)**概
念，而非一貫實驗用的占卦模式，嘗試詮釋一些事物，希望從中比對到
不同概念的共通性；可能還有「**共時性(synchronicity)**」。

正如本來沒有計劃，將這兩項「實驗」放在同一篇報告之內；又正如「神
秘學」老師當年提到，有關「收料術」的說法：某些料在某些時刻，自然

會被某些人收到。九年後的筆者想補充一下：「收料」與「謀事」一樣，也需要符合某些條件，不可強求。

PS：尚有八個和「離(787)/火」有關的卦，可作參考：

「革（787778）」：「革，巳日乃孚，元亨，利貞，悔亡。」

「家人（787877）」：「家人，利女貞。」

「既濟（787878）」：「既濟，亨，小利貞，初吉終亂。」

「明夷（787888）」：「明夷，利艱貞。」

「睽（778787）」：「睽，小事吉。」

「鼎（877787）」：「鼎，元吉，亨。」

「未濟（878787）」：「未濟，亨，小狐汔濟，濡其尾，無攸利。」

「晉（888787）」：「晉，康侯用錫馬蕃庶，晝日三接。」

XX017 ──「2016年美國總統大選」

為了研究「易經占卦」，筆者也曾透過學習所謂「王者之道」的「**塔羅（Tarot）占卜**」，希望可以見識到不同的解讀方法。正是參考了「塔羅牌」的圖像理論，令筆者發現《易經》卦爻辭在「**篆書模式**」之下，顯示出更多正體漢字的「圖譜」訊息。雖然，除了在廿四節氣時，抽兩張牌「放」到手機的「鎖定螢幕」和「主螢幕」之外，現在也甚少進行「塔羅占卜」；但曾幾何時，又真的嘗試做過關於「球賽」、「選舉」之類的實驗，只是結果可謂慘不忍睹，証明筆者在此方面的功夫真是太不濟了。

正如「**2016年美國總統大選**」的實驗，當時抽了各自代表兩大黨候選人的牌（筆者所用的是「一見鍾情」的Deviant Moon Tarot by Patrick Valenza, 2008），在刻意遮著名字的情況下，自恃學過一些「直覺塔羅（Intuitive Tarot）」的方法，所以純粹「**先敬羅衣後敬人**」，認為身穿靚衫的「吊人（The Hanged Man）」，比起身無寸縷的「隱士（The Hermit）」看似更有「總統相」，亦符合當時的民意調查。

基於實驗精神，即時再以六枚錢幣的「擲錢法」起卦，占得「**蒙之蠱 (876887) – 蒙六三，勿用取女，見金夫，不有躬。无攸利。**」(本卦「蒙，亨。匪我求童蒙，童蒙求我，初筮告，再三瀆，瀆則不告。利貞。」之卦「蠱，元亨，利涉大川，先甲三日，後甲三日。」)

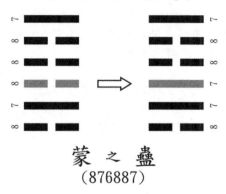

蒙 之 蠱
(876887)

傳統上，此爻的注釋可說是：不宜娶之女子，因出現剛強之男子，而不顧身段(亦有直接解作「遇多金之男子而獻身」)，故此無所得著。總之就是指「一個受物欲所蒙蔽的女子，娶之無益。」以現今眼光看來，則大有性別歧視之嫌。

當時筆者正嘗試從圖像的角度，解讀「易占」的卦爻辭。在此爻中，首先留意到的「躬」字，「易學」傳統解作「身體」，但字形上明顯可見「身弓」二字，《說文解字注》也有云：「弓身者，曲之會意也」；故此，「不有躬」的「沒有委曲」在此反而連結不上「失身」的意思。其次的是「取」字，一般作「收受」之解，而字形則為「耳」與「手」之象，原意其實是「手執人耳」，更有「捕罪人」之含意；所以，「取女」就不再是「娶婦」的傳統意思。

經過非常「跳脫」的聯想，得到結論就是：在當時「蒙蔽」的局勢，一個「捉不住」的女候選人，對著強硬的男對手，依然不會屈服，即使毫無得著，甚至身陷衰敗之中——美國似乎大有機會出現第一位的女總統。無可否認，由於之前「塔羅占卜」的先入為主，筆者才會作出以上的斷語。

俗語有云：「風水佬呃（騙）你十年八年」，事關「堪輿」理論有時需要較長時間的驗証；但「競選」之類的占卜，短期之內就有結果。而當時的結果，當然証明筆者完全批錯了：「吊人」大熱倒灶，「隱士」則順利於2017年入主白宮（White House）。

痛定思痛，縱使遇上失敗的實驗個案，仍然必須面對現實，而且更加需要認真的檢討。前文「易占之中，如何做到心誠則靈？」提過「只有解卦不準，沒有占卦不靈」，基於「共時性（synchronicity）」原理，人亦要相信這一套，占卜本身自然靈驗（「術數」的占算反而有機會計錯數，但也許亦是一種「共時性」或「天意」）；然而，一旦「捉錯用神」（「用神」原是「納甲筮法」的術語，又稱「用爻」，即是卦中代表所占對象的一爻），搞錯了箇中的重點，解卦最終難免失準。

查實，筆者解卦的時候，相信早就應了「蒙」的「草冒豕昧」的機：雖然因為「凡國之大事」可以「先筮而後卜」，而略過「蒙」卦有關「一

事不二占」的提示，但這畢竟是一個遠離事件軸心的局外人的「八卦」，故此也不得不說是一種「瀆」。一開始已經有了「女候選人勝過男對手」的想法，導致扭曲了「勿用取女」的「別投女候選人一票」的暗喻；加上對於「躬」字的迷惑，不自覺地偏離了爻辭中的訊息。

後來，再深入查閱，才發現「躬」其實是俗寫，正寫原來是「躳」，「從身從呂，身以呂為柱」，即是「有脊柱的身子」；至於「躳」與「躬」同音，應該更易被聯想到「宮」字(上部之「屋」形「繞其外」，下部之「柱」形「居其中」；亦有以「呂」為「脊骨居人身之中」的會意)。「不有躬」除了「沒有骨氣」之外，豈不也是「不可居於宮」？

以上的訊息難免因疏忽而誤讀，但以下的訊息居然視而不見。「見金夫」的「金夫」正正是指那位「多金」(**「金，五色金也，黃爲之長；久薶不生衣，百鍊不輕，從革不違；西方之行，生於土；從土，左右注，象金在土中形」**)的、「做生意」的男對手，也正是大熱的女候選人，邁向白宮的最大阻力(「无攸利」)。可見當時的局勢，亦真的「蒙蔽」了全世界。

「以百蟲置皿中，俾相啖食，其存者爲蠱」 可謂一場競選的寫照，只要擊敗了所有的對手，剩下的自然就是最終的勝利者。只是這場競選的勝利者並非「吊人」，而是冷門的「隱士」。

回到「塔羅占卜」的這兩張牌，雖然對於牌義依然一知半解，但總算發現了箇中的「用神」：「吊人」的重點其實就是「大熱倒灶」(圖中「吊人」的上衣為紅色)的「倒」。至於赤身露體的「隱士」，反而大有因「低溫症」而「爆冷」之勢；況且，**「小隱隱於野，中隱隱於市，大隱隱於朝」**，一個「隱士」發其「總統大夢」，又有何不可？

綜觀上述反反覆覆的解讀，有最初的所謂「直覺」、有傳統的注釋、有新嘗試的顛覆、更有「事後孔明」的附會，令人深感占卜的模稜兩可，尤其

是反對者更可振振有詞，大反特反。筆者在此並不否認占卜的「不確定性（uncertainty）」，而且必須承認這種「不確定性」，很大程度是受到占者（reader）的解讀能力和心靈狀態的影響，正如學藝不精的筆者，對於2017年本地某個選舉的占卜，再一次「捉錯用神」，令人沮喪之餘，更是不堪回首。

時至「2020年美國總統大選」，適逢執筆期間，有意無意地略過了這個屬於「世事」的課題。也許，意識到之前的陰影仍然存在，所以不想重蹈覆轍；也許，潛意識發覺了今屆的競選，瀰漫著一片可能早在2019年已經浮現的詭異氣息，所以借意不占。

從借意到借口，特別是失敗的借口，絕對是失敗中的失敗。筆者自揭敗績，作為反面教材，期望讀者諸君，也包括自己，引以為鑑。

Kapitel 5

"the inferior man molts in the face"

XX018 — 「運滯是自己搞鬼的？」

與帶有「**因果報應**」意味的「**不幸是自找的**」相比，今云這個課題想要探討的內容，應該是另一種不同的事情。

「不幸」與「運滯」，某程度上可說是類近的。「不幸」只是相對地「不夠幸運」，並不等同於帶來凶險的「惡運」；而「運滯」是指：在「變化軌跡」上出現的阻滯，大多只是一時的諸事不順，也不至於「惡運」所導致的傷害。

至於「自找」和「自己搞鬼」，表面上也是類近的，但查實後者比起純粹的前者，多了一份「**異質(hererogebeity)**」的意味，「搞鬼」本身有「暗中使用詭計(play tricks)」的意思，而此「鬼」（「鬼，人所歸爲鬼；從人，由象鬼頭；鬼陰氣賊害，從厶。」在此亦可音訓為「詭」）的意象，不難令人聯想到西方的「搗蛋鬼(trickster)」，這也是一份「鬼/詭」的意味。

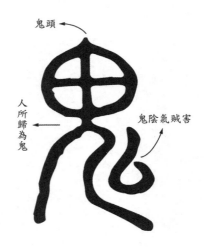

鬼頭

人所歸為鬼

鬼陰氣賊害

「搗蛋鬼」是一個神話學、民俗學和宗教學的人物概念，所指的包括人、鬼、神或其他的超自然存在。一方面正如字面所述的，這是一個詭計多端、以捉弄別人為樂的討厭角色；另一方面則是一個有意無意地，助人解困的可愛角色；有時甚至不知為何，又會是一個反被作弄的不幸角色……總之，「搗蛋鬼」就是如此多種面向，令人難以定位。

分析心理學大師榮格 (Car G. Jung) 在研究印第安神話時，提過有關「搗蛋鬼」的原型 (archetype)，認為這是一個類似「薩滿 (Shaman)」的、原始而古老的意識階段——巫醫施法治療病人的同時，身心又會受到一定的傷害。另外，除了榮格所說的煉金術 (alchemy) 之汞/水銀 (mercury) 象徵、羅馬信使之神墨丘利 (Mercurius)，近年因為超級英雄電影，而廣為人知的北歐邪神洛基 (Loki)，也正是這個原型的最佳代表。有說塔羅牌 (Tarot) 中的「愚者 (The Fool)」和「魔術師 (The Magician)」也可作為相關代表，而且兩牌的數字「0」和「1」，似乎暗喻了「一體兩面」的「虛」與「實」。

從「一體兩面」之中，亦可以看到同一角色「亦正亦邪」、「相生相剋」的弔詭：既作弄人，又被人作弄；既幫助被作弄的人，又因被作弄而受到幫助。如是這般，正正呼應到「自己搞鬼」與「運滯」的本質問題：這到底是「作弄」，還是「幫助」？再者，無論是「作弄」還是「幫助」，這也真的是「自作自受」，自己就是自己的「搗蛋鬼」？

2012年，一個「真是神秘」的年份，嘗試探討這些問題，而以六枚錢幣的「擲錢法」起卦，占得 **旅之晉(889787) – 旅九三，旅焚其次，喪其童僕，貞厲。**（本卦「旅，小亨，旅貞吉。」之卦「晉，康侯用錫馬蕃庶，晝日三接。」）

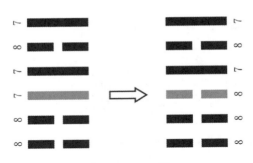

旅 之 晉
（889787）

「**旅**」字，象「**眾人跟從旄旗游動**」之形，從中聯想到「**不是風動，不是幡動，仁者心動**」的禪門公案。表面是旗在游動，實則是人的心在游動，而游動的心也構成了周流不定的「詭計」。正如「旅」字有「失其本居而寄他方」之意，這也暗喻「詭計（trick）」只是客居於人之心，所以「搗蛋鬼（trickster）」本來就是一個居無定所、四處漂泊的旅客（墨丘利為風象精靈，亦是古時旅客的守護神）。

本卦卦辭中，除了有一個「旅」字之外，還有另一個「旅」字，意味著除了有一個「旅客/自己」之外，還有另一個「旅客/自己」。這正是回應了「自作自受」的情況。根據心理學的說法，這種情況即是意識與潛意識的相互作用。

「**旅焚其次，喪其童僕**」：旅程中寄宿的旅舍（「**次，不前不精；從二從欠**」，引伸為不是主居而是暫住的處所）被焚，隨從的小廝亦失散了。旅程即是運程，其中的「焚」和「喪」，由於保命

之餘，可能還保「資」（「旅六二，旅即次，懷其資，得童僕貞。」），故此即是「運滯」而已。

「**貞厲**」：「**貞**」有「**精定不動惑**」之意，正好對應了「旅」的「**不精不定**」；「**厲，旱石也**」，即是「磨石」，與「礪」相通，暗示了上述的「焚」和「喪」，其實就是「磨之使利」的經歷。之前帶來「運滯」的「作弄」，之後受到的應該算是「幫助」了。

之卦「晉」有「二至之日」的「雙重」意象，與二「旅」的同樣地強調：表面上，是「自己」受到「另一個自己」的作弄；實質上，則是「另一個自己」對於「自己」的幫助。假如「自己」是「意識」，「另一個自己」就是「潛意識」，如是這般，「自作自受」也就真是在「暗中」發生。有時，「自己/意識」做事不順暢，可能因為「另一個自己/潛意識」本來不想去做，又或者知道不應去做，而故意自製阻力(實情是助力)。分析至此，還可以發現到「晉」卦中的「康侯」，更會是「搗蛋鬼」最顛覆的一個面向：近乎「救世者(Saviour)」的角色。

從「搞鬼」到「救世」，「搗蛋鬼」同時也是「守護神(patron)」，兩者皆是心理上的「自己」。然而，宗教上一直也有「暗中助人」的「神聖存在」。在西方神學中，有所謂「守護天使(guardian angel)」的系統，據說每個凡人也有至少一個的天使守護；而東方的密宗，亦有守護「**十二生肖**」的「**八大本命佛**」的說法：

肖鼠　　- **千手觀音菩薩**
肖牛/虎 - **虛空藏菩薩**
肖兔　　- **文殊菩薩**
肖龍/蛇 - **普賢菩薩**

肖馬　　- 大勢至菩薩
肖羊/猴 - 大日如來
肖雞　　- 不動尊菩薩
肖狗/豬 - 阿彌陀佛

另一方面，同樣來自佛經的說法，原來亦有記載類似「搗蛋鬼」的「三十六時獸」：

東方/木
寅 上為狸　中為豹　下為虎
卯 上為狐　中為兔　下為貉
辰 上為龍　中為鮫　下為魚

南方/火
巳 上為蟬　中為蚯蚓　下為蛇
午 上為鹿　中為馬　　下為獐
未 上為羊　中為雁　　下為鷹

西方/金
申 上為狖　中為猿　下為猴
酉 上為烏　中為雞　下為雉
戌 上為狗　中為狼　下為豺

北方/水
亥 上為豕　中為貐　下為豬
子 上為貓　中為鼠　下為伏翼
丑 上為牛　中為蟹　下為鱉

此乃於十二時辰中，擾亂禪修者功課的三十六種「禽獸」（除了十二生肖

之外，與烏同屬鴉科的「渡鴉」、狼的近親「郊狼」，同樣是北美洲土著神話中的經典「搗蛋鬼」）。「神秘學」老師有云：如有不順之事，查明當時「出沒」者為何獸，對之祈求行個方便，可望有所轉機。

正如前文「自由意志與預知未來的矛盾」提過，真正的「自由意志」是會「損有餘而補不足」。間中的「搞鬼」、間中的「運滯」，何妨也視作「小小苦楚，等於激勵」。

"take not gain and loss to heart"

僻知訊息

有時，「自己/意識」做事不順暢，可能因為「另一個自己/潛意識」本來不想去做，又或者知道不應去做，而故意自製阻力（實情是助力）。

XX019 ——「輪迴是什麼？」

這個課題是2009年時嘗試的一些概念實驗，同期除了前文的「共時性」之外，還有關於「宗教」的概念，不只是人所共知的東方的「**輪迴 (Samsara)**」，查實亦是自古已有的西方的「**輪迴(metempschosis)**」。

「輪迴」，「輪」，車下轉動的、有直木輻條的部件；「迴」與「回」同，有旋轉、循環之意。一般是指：「意識」無間地經歷生命與死亡。因此，以「人」而言，並非只有一生一世。現在的一生是「**今世**」，過去的一生是「**前世**」，將來的一生是「**下世**」。坊間流傳有《三世書》，乃託諸葛亮、袁天罡……等古人所作，供世人查閱自己的「身世」，至於箇中真偽，則屬無從稽考。

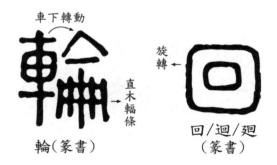

輪（篆書）　　回/迴/廻（篆書）

「輪迴」基本上有「死後生命（afterlife）」的概念，人經歷了生死之後，由於「靈魂不滅」，所以就會「**轉生（transmigration）**」為另一「個體」，但有別於「靈魂復活」的「**重生（reborn）**」為同一「個體」的情況。本來，西方（主要源自古希臘）一向也有這套說法，直至「**末日審判論**」成為主流為止。近代出現了揉合東西方神秘學文化的「新紀元運動（New Age Movement）」，「輪迴」、「轉生」的觀念又再藉此在西方復興起來。

說到東方文化，不得不提及佛教的「**六道輪迴**」。《法華經‧方便品》：「以諸欲因緣，墜墮三惡道，輪迴六趣中，備受諸苦毒。」與牽涉「靈魂」的說法不同，佛教所指的「輪迴」，是眾生死後以「識」的狀態，基於不同的「業報」進入不同的新生「個體」當中；而且不限於「人」界，還包括「天、阿修羅、畜生、餓鬼、地獄」的「異界」，在統稱為「六道」中不斷「轉生」。由於佛說「眾生皆苦」，所以從「六道輪迴」中解脫，正是佛教修行的一個重要目的——「**涅槃（Nirvana）**」。

除了宗教上的說法之外，哲學上也有「**永恆輪迴（eternal return/eternal recurrence）**」的說法：基於時間是無限的，事物是有限的；當有限的事物存在於無限的時間之中，事物自然會出現不斷重複的情況。某程度上可能使人產生所謂「似曾相識」的「**既視感（déjà vu）**」。這種情況，查實還是呼應到「太陽底下無新事」的說法(原文出自《聖經‧傳道書》：「已有的事，後必再有；已行的事，後必再行；日光之下，並無新事。」)然而，當所有事物必然再度回來，而且更是無止盡的話，對於這種完全無法脫離的情況，有時會被負面地譯作「**永劫回歸**」。至於，能夠克服此「劫」的人，就可以成為哲學家理想中的「超人（Übermensch）」。

回到實驗，以「輪迴」二字的「梅花易數」起卦(當時用了比「迴」字少一劃的異體字計算)，占得「**剝之觀（888867）－剝六五，貫魚以宮人寵，無不利。**」(本卦「**剝，不利有攸往。**」之卦「**觀，盥而不薦，有孚顒若。**」)

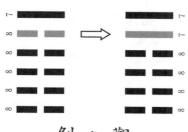

剝 之 觀
（888867）

「剝（888887）」卦：「剝，裂也；從刀從彔；彔，刻割也」，似乎不及其綜卦（卦畫上下顛倒，代表互換過來的相對角度）「復（788888）」卦，更符合「永恆回歸」的意象——「**復，往來也；返、還也**」。然而，換個角度來看，其意象也類似面對「俄羅斯娃娃（Matryoshka Doll/Russian Nesting Doll）」的那種「**套中有套**」，當剝開一層之後，裡面還有另一層⋯⋯如果「剝」的方式是《莊子・天下篇》的「一尺之棰，日取其半，萬世不竭」的話（數學上，一個整數連續不斷地除以2，是可以無限地除下去的），應該也近乎「永劫」這部份中譯的意象。「剝」卦在「易學」傳統中，有「**陰氣/小人**」剝削「**陽氣/君子**」的相對負面的解說，故此「不利有攸往」。

「貫魚」：即是將「魚」首尾相接的連成一串——「貫」正是串連貝殼攜帶，作為錢貨之用——與形容魚群游動，前後相續的「魚貫」不同。傳統的說法，「魚」為「鱗蟲」，為「陰物」；所以「貫魚」會被解作「**串連群陰**」，引伸為「六五」統領「初六、六二、六三、六四」全體的陰爻，有秩序地剝削「上九」的唯一「陽爻」。至於，「**首尾相接**」的「魚」，也可以想像成「**太極**」圖案中的陰陽「魚」，亦令人聯想到傳說中的「**銜尾蛇（Ouroboros）**」，一個始即是終，終即是始的循環狀態。

「以宮人寵」：「宮人」在古禮中是「王

宮」中的「后」以下的「夫人、嬪、世婦、御妻」，對應上述的「群陰」；「寵」，室下有龍（上古時代有「豢龍氏」，替天子豢養龍族），即是尊居之意；傳說「龍」為鱗蟲之長、乾陽之象，在此亦即是群「魚」之首、「上九」之位。一般注釋是指：眾「宮人」依禮有序，受「王」之「寵」幸（亦使「一陽」不至於同時受到「群陰」的剝削），但當中到底是幸還是不幸？正如「六道」中的「天、人、阿修羅」三善道（雖然「阿修羅」充滿「瞋」意，但其本質亦屬神類），相對地比較「畜生、餓鬼、地獄」三惡道已算有幸，但身在「輪廻」之中，「无不利」也是無常的；**一日未能解脫，一日仍屬不幸。**

之卦的「觀」，在此真是可圈可點。既可以是宏觀大大循環的天旋地轉，也可以是微觀小小環中的如如不動；如何觀照，如何造化。

十二年後執筆時發現，「廻」字查實並非正體字，這也合該是某種機兆，所以筆者決定再以「輪迴」二字的「梅花易數」起卦，占得「**大畜之泰（777889）– 大畜上九，何天之衢，亨。**」（本卦「**大畜，利貞，不家食吉，利涉大川。**」之卦「**泰，小往大來，吉亨。**」）

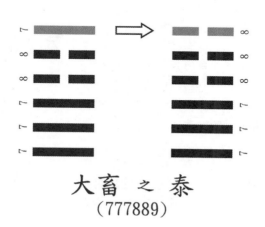

大畜 之 泰
（777889）

「大畜」：有大大約束之意，彷彿也是受限於「輪迴」的處境，甚至更有「眾生皆畜生」的錯覺。卦辭中「**利涉大川**」的「大川」，可以使人聯想到又稱為「奈河」的「**忘川**」、東洋神話前往「三惡道」的「**三途川**」、西洋神話收取擺渡費的五條「**冥河**」。在此橋頭飲過「孟婆湯」（所以「不家食」？），忘卻了此世的記憶，方可轉世投胎。故此，「今世」通常不知「前世」的往事。

忘川/奈河/三途川/冥河？

「何天之衢」：「何」，有人可擔荷之意；「天」有「天圓地方」的「渾天」之說，亦有「天命」之說；「衢」，即是鳥四顧（也是一種「觀」點）而行四達。在此可以說是：眾生負荷著這個「**命運之輪(the Wheel of Fortune)**」(塔羅牌中的第十張大秘儀牌)，既在周而復始裡來來往往，亦在四方八面處尋尋覓覓。

否極泰來，今天就是之卦「泰」的「小往大來」；泰極否來，他朝則是綜卦「否」的「大往小來」。「易理」中的「物極必反」，其實也可視為一種簡易的「輪迴」。

「**廻**」與「**迴**」，一點之差，兩個角度：**魚的角度、鳥的角度**。《莊子‧逍遙遊》有大魚「鯤」化而為大鳥「鵬」的寓言，從「鯤」

化作「鵬」，是因為得道？從「輪迴」中解脫，是因為覺悟？兩者所憑著的一點契機，也許相差無幾。

PS:在「易學」系統中，也有以「六爻」配「六道」的說法 –

上爻為天道
五爻為人道
四爻為阿修羅道
三爻為畜生道
二爻為餓鬼道
初爻為地獄道

據說透過一些占算的方法，可以推測到「轉世投胎」於那一道；但詳細情況，就不得而知。

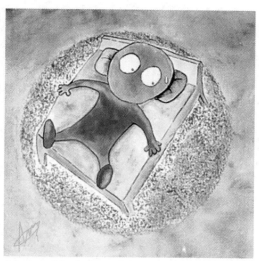

"the leg of the bed is split"

Kapitel 6

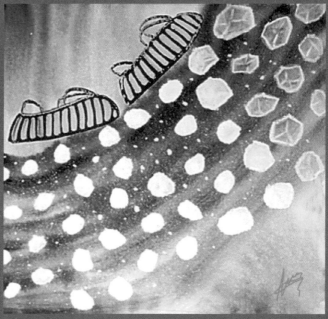

"there is hoarfrost underfoot"

XX020 ——「病毒是什麼？」

這不是一篇「流行病學（epidemiology）」的實驗報告，這只是十年前筆者的一項不嚴謹的概念實驗課題，緣起已經不詳，當時亦沒有很清晰的解讀。至於今次的選題，並非刻意配合執筆時的「疫情」。

以「**病毒**」二字的「梅花易數」起卦，占得「**兌之隨(798778) – 兌九二，孚兌，吉，悔亡。**」（本卦「**兌，亨利貞。**」之卦「**隨，元亨利貞，无咎。**」）

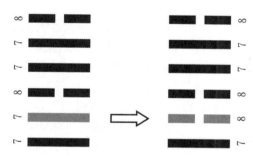

兌 之 隨
（798779）

「兌（778778）」卦，其上下卦皆為「八經卦」之「兌（778）」。《易傳・說卦》有云：「兌，說也⋯⋯為澤，為少女，為巫，為口舌，為毀折，為附決；其於地也，為剛鹵；為妾，為羊」。可是，從文字當中，並未直接讀到有關「病毒」的訊息，傳中最近乎「病」的只有「坎（878）」卦的「其於人也，為加憂，為心病，為耳痛，為血卦，為赤」，但似乎也不屬此科。然而，卦象從來都是間接又間接的「密碼（code）」，必須極盡「穿鑿附會」之能事，進行「**解碼（decode）**」。

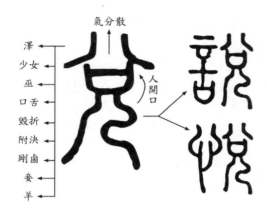

「兌，說也」：前文有提過關於「兌」可解作「**人開口，氣分散**」，故此「兌，為口舌」，而「說」通「悅」，無論是「開口有言」還是「開心氣散」，當中的意象也頗符合「宿主開口，病毒分散」的「**傳染（infection）**」模式。雖然成語有所謂「病從口入」，但又不一定是經過「口舌」的途徑（不過機會很大），所以「開口」可以是指**打開缺口的無孔不入**；至於「分散」，則是指其「**自我複製（self-replication）**」的能力，這也當然是所有生物的DNA/RNA複製能力。

「兌，為澤」：「澤，光潤也；又水草交厝（錯）曰澤」，亦有水流匯聚之處的意思，令人聯想到「病毒」最初被發現的形態。早期的生物學家，嘗試使用一種過濾器，期望可以過濾受感染液體中的細菌（bacteria，當時認為是最細小的微生物，無法以肉眼看見，只能靠光學顯微鏡觀察），但發現依然無法排除已過濾的液體中的「致病性/毒性」；經過多番實驗之後，終於確定了這是源於某種「傳染性活體液（contagium vivum fluidum）」或「可溶性活病菌（soluble living germ）」。「病菌（germ）」涵括了「病毒」和「細菌」的微生物範圍，而當時認為這種比細菌還細小的微生物，是以液體的形態存在的。及後命名這種微生物為「過濾性病毒（filterable virus）」，現在則通稱為「病毒（virus）」。

「病毒（virus）」的拉丁文原意為「**黏液**」，形容「可溶性」及「流動性」的物質狀態，初期有表示為「植物的汁液」，但又當作是「污穢和惡臭的流體」；也有引伸到「鳥糞」，後來更被定義為「毒液」，甚至是「蛇毒」，總之就是包含「致病性/毒性」的意思。而「黏液」的這個形態，正好符合「澤」——特別是「沼澤」——的「水（液體）草（生物）交錯」的境況。不過，有了電子顯微鏡之後，生物學家証實了「病毒」原來是顆粒狀的。但「**液態**」的這一重意義，始終也存在於命名之內。

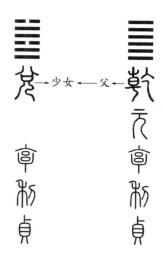

「兌，為少女，為妾」：傳中有云：「乾（777）」為父，「坤（888）」為母；其他「六經卦」為「乾坤」所生，而「兌（778）」為「三索而得女」，即是最年幼之「少女」。除了「父女」關係之外，「乾（777777）」卦與「兌（778778）」卦在卦辭方面，則是最相近的。「乾，元亨利貞」（「元者萬物之始，亨者萬物之長，利者萬物之遂，貞者萬物之成」）。「兌」卦正正欠缺了「萬物之始」的「元」，情況有若無法自行表現出生命現象的「病毒」，必須寄生在宿主細胞才能繁殖。至於「妾，不娉也」，既非正室（妻）亦非外人，只是「側室」的身份；仿似非細胞形態的「病毒」一般，**既非生物亦非非生物**，只算是介乎兩者之間的「類生物」——「**生命邊緣的有機體（organisms at the edge of life）**」。

「兌，為巫」：「巫，祝也；女能事無形，以舞降神者也」；亦因「以言語說神者」而與「兌」有所關連。據《山海經》記載，「靈山」有「十巫」，可以「從此升降，百藥爰在」（其中更有「不死之藥」），從中可以知道用藥的「巫」即是「醫」，「醫，治病工也」；經中也有描述

「巫咸國」的巫者「右手操青蛇，左手操赤蛇」，其形像自然令人聯想到，西方醫療之神阿斯克勒庇俄斯 (Asclepius) 手執的蛇杖，此為單蛇杖（其主人又是「蛇夫座 (Ophiuchus)」的原型），很易與商旅之神墨丘利的雙蛇杖混淆（有說「雙蛇」本是「兩條絲巾」，但查實《山海經》中亦有記載不少「操蛇之神」，**蛇與神明的關係，在東西文化中同樣耐人尋味**）。

傳說中，古希臘醫者希波克拉底 (Hippocrates, BC460 - 370) 原來是阿斯克勒庇俄斯的後裔，而這位西方「醫學之父」，正是使用「病毒 (virus)」一詞表達「致病之毒」的概念（中譯的正有此意）。至於東方的「巫醫」，則認為「致病之毒」即是「鬼神之邪氣」，對治方法一般是：先以占卜搜尋源頭，再以祓禳辟除病邪。病邪後來演變成人格化的**瘟神**，再轉型為**逐疫之神**（例如以「五行」模式，構成了「五福大帝下轄五毒神君」的系統），備受香火祭祀。

在「巫主接神去邪，醫注療病」的分流之後，醫者視「瘟疫」之類傳染病，為「天地之癘氣」所引發的，一些導致人體陰陽失調的「溫熱病」；基本上，只需服用草藥或施以鍼灸，實行「驅邪」（清除致病原）和「昇陽」（提高免疫力）之法，達至「正氣內存、邪不可干」，便可讓人體逐漸復原。時至現代的「巫」，發展出針對指名「病毒」的特定「疫苗 (vaccine)」，但隨著「病毒」不斷變種，「疫苗」也必須不斷改良，形成了越來越難解決的惡性循環。當中陰謀陽謀，則不在此論。

「兌，為毀折」：「毀，缺也，缺者，器破也」；「折」，可解作持斤 (即是斫木之斧) 斷之，這正是「兌」在「五行」中屬「金」的一面，而「金」加上「兌」更是鋒芒畢露的「銳」，可以引伸為「兵器」、「刑殺」的概念。歷史上，曾有關於「原住民因為殖民者帶來非本土的傳染病而近乎滅族」的說法，當中的傳染病主要是從歐洲傳入美洲的「天花 (Smallpox)」，據說這種「病毒」比當時的槍炮還要厲害，

當地人對其缺乏免疫力（immune），間接促成了殖民地的成立。從古至今，也有資料顯示，「病毒」被好戰分子利用，發展成越來越恐怖的「生物武器（biological weapon）」，以其「殺氣」製造更多「殺業」。人類真的才是最恐怖的「病毒」。

再者，「兌」的「殺氣」亦可表現在季節中「秋」的一面。傳中有云：「兌，正秋也，萬物之所說也，故曰說言乎兌」，雖有秋收之悅，但也因其屬「金」，所以秋風肅殺之際，亦是草木凋零之始。有說某些屬於「病毒」的「時疫」，其習性為「金王而生，火王而死」（「王」通「旺」），即是秋季開始流行，夏季（屬「火」）則相對地緩和。不過基於品種繁多，當然不能一概而論，所以換個角度來看，「病毒」又似是人類無法掌握的「天敵（natural enemy）」。

「兌，為附決」：「附，附婁，小土山也」；「決，行流也；決水之義引伸爲決斷」，有秋金氣盛，果附於木而落之意，也可附會為「病毒」的生命周期：

1) 細胞表面的吸附（attachment）
2) 侵入細胞（penetration）
3) 脫殼（upcoating）
4) 基因複製的合成（replication）
5) 合成物的集合組裝（assembly）
6) 病毒顆粒的釋放（release）

關於「決」，可以連結到以「兌(778)」為上卦的「夬(777778)」卦──《易傳・象》曰：「夬，決也，剛決柔也」──其中的意象亦可再連結到，卦形同樣與「兌(778)」卦相似的「大壯(777788)」卦。而這個意象的字形本身，亦與這些卦形相似：「兌，為羊」，正好呼應到「牽羊悔亡」（「夬九四」）、「羝羊觸藩」（「大壯九三、上六」）、「喪羊于易」

（「大壯六五」）這些有「羊」字的爻辭；但查實這兩卦的內容也可說是關於「羊」的事情，即使沒有「羊」字的「藩決不羸」（「大壯九四」），其實就是說：羊把藩籬決斷了，再也拘禁不住了羊。從「兌」到「決」再到「羊」，可以看到「綿羊的柔順」，也可以看到「山羊的剛強」，而這種一體兩面的性質，同樣可以穿鑿到「病毒」身上：在生命的前半周期屬「柔」，後半周期則屬「剛」，對於不同的生物來說，「剛柔並濟」也是同樣有效的安身立命之道。

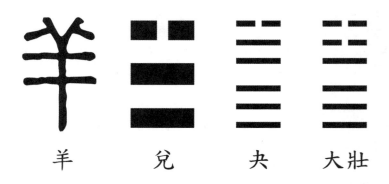

羊　　　　兌　　　夬　　　大壯

「兌，為剛鹵」：「剛鹵」，即重鹽之鹹，亦有強鹼性（pH值>10）之意。這似乎並不符合「病毒」隨外界環境，變化其酸鹼度（potential of hydrogen）的不定性，但強鹼性物質對大多數生物（包括病菌）都有一定的殺傷力，正如鹽醃對食物的防腐功效。2003年「沙士一疫（SARS）」，就是廣泛使用了1:99的漂白劑進行消毒殺菌，其主要成分為「次氯酸鈉（sodium hypochlorite）」，介乎pH值9-12的弱與強鹼性之間。可見不必太「剛」之「鹵」已是「病毒」的剋星。

然而，每逢某種「病毒」流行之時，總會莫名奇妙地，出現關於「病毒的pH值怎樣怎樣的，大眾可以食用pH值什麼什麼的食物……」之類的「抗疫」流言，其中最荒謬的正是建議食用所謂的「高鹼性」食物，

但其濃度等同未稀釋的漂白劑——此等「剛鹵」之物又真的可以讓「病毒」與人類同歸於盡——當中的內容不合常識之餘，資料更是不符事實；看來，散播流言之徒比起「病毒」還要「病毒」（「口舌」招尤）。

罕有地從「說卦」的角度，全面探討了「兌」的卦象，與「病毒」本質之間的種種關連，由此可以把本占的爻辭，「孚兌」的「兌」視為「病毒」的象徵。至於，「孚兌」的「孚」，「孚，卵孚也；從爪從子；一曰信也」；「卵孚」，就是由卵中孵出的意思；「爪」可當作「鳴鶴在陰」的「鶴」的「爪」，「子」則是「其子和之」的「子」（連結到「中孚九二」，可參閱前文「共時性是什麼？」的相關部分）；「信」，由於「鳥之孚卵皆如其期，不失信也」，可作出「元始」與「終末」兩方面的解讀（解毒）。

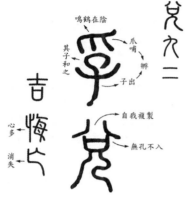

「元始」的解讀為「病毒」的起源。生命開始時，有細胞就可能有「病毒」，情況就如有「卵」就可能有「子」一般（疫苗也是以雞蛋培養「病毒」而製成的）。雖然流行病學界有三種說法：「退化假設 (Regressive hypothesis)」、「細胞起源假設 (Cellular origin hypothesis)」、「共同進化假設 (Co-evolution hypothesis)」，但目前仍未有定論。然而，那隻「鳴鶴在陰」的「爪」，頗為令人懷疑，這是暗喻生命 (細胞與「病毒」) 起源於某隻「幕後黑手 (power behind the throne)」。至於，這是誰的「手/爪」也好（「吉」），都不要多心了（「悔亡」？）；或者，多心就要消失了（「悔，亡」？）。

「終末」的解讀為「病毒」的歸宿，照上述的說法，人類一開始已經

不斷地與「病毒」對抗，但「道高一尺，魔高一丈」，人類應該永遠無法收服這隻「小惡魔」，倒不如換個角度去看：「鶴」其實是在哺養如期孵出的「子」，正如相信「病毒」最終可以歸於宿主所養。古人素有「養病」之說，這並不只是調理病況之意，箇中還有一重**「非治病」**的智慧，思考如何與病共存，**不與之對抗，齊平正邪之氣**，達至真正的「吉，悔亡」。

最後，從之卦「隨」——「隨，從也，順也」所看到的，無論是「元始」還是「終末」的解讀，都是表達一種順其自然之勢（**「元亨利貞」，有始有終的循環**），這意味著人類不必視「病毒」為「病態」和「惡毒」（不一定致病，亦不是毒素），也未必需要執著治病和強行解毒（「无咎」）。

反正，生死有命；也許，置諸死地而後生。

> **僻知訊息**
> 「病毒」最終可以歸於宿主所養。古人素有「養病」之說，這並不只是調理病況之意，箇中還有一重「非治病」的智慧 –思考如何與病共存，不與之對抗，齊平正邪之氣，達至真正的「吉，悔亡」。

XX021 ─「人工智能是什麼？」

這不是一篇「電腦科學(computer science)」的實驗報告，這是2006年筆者的紀錄中，唯二的概念實驗之一，源起不詳(雖然當年有「深度學習(Deep Learning)」的「機器學習(machine learning)」理論面世，但應該與此無關)。筆者與「電腦科學」最有淵源的只是：廿多年前曾經妙想天開，有志透過修讀電腦程式(computer program)的課程，開發一套名為「門(Door)」(和「門」字有關的本土文化，曾經十分普及街頭)的「作業系統(OS: operating system)」。結果，筆者連課程的門也未入，至今即使是非常有興趣的「易占」程式也付之闕如，所謂的「作業系統」當然更是門都沒有了。話雖如此，這個課題還是很值得空想的。

空想「人工智能(AI: artificial intelligence)」之前，先界定「智能」的意義──特別是指「人類智能(human intelligence)」──基本上包括認知、思考、溝通、學習、解題、計劃、執行……等能力，根據「多元智能理論(theory of multiple intelligences)」，可分為八個範疇：

語文 　　　**(verbal/linguistic)**
數理邏輯 **(logical/mathematical)**
視覺空間 **(visual/spatial)**
肢體動覺 **(bodily/kinesthetic)**
音樂節奏 **(musical/rhythmic)**
人際 　　　**(inter-personal/social)**
內省 　　　**(intra-personal/introspective)**
自然探索 **(naturalist)**

而透過一些測試，可以計算一個人的「智能商數(IQ : intelligence quotient)」，但單憑「智商」衡量一個人的能力，其實是很偏頗的，所

以後來又有「情緒商數(EQ:Emotion Quotient)」、「逆境商數(AQ:Adversity Quotient)」和一大堆有點濫的「商」，已經偏離了量化「智能」的焦點。查實，「智」通「知」，「知，詞也；從口從矢」，有「識敏，故出於口者疾如矢也」之意，而「敏」和「疾」皆與「速度」相關，似乎亦是「智能」的關鍵所在。

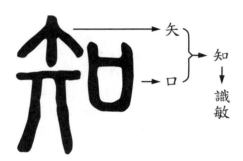

至於「人工」，「工，巧飾也；象人有規榘也，與巫同意；巫事無形，失在於詭，亦當遵規榘」，竟然又有「規榘」（圓規與矩尺：「女媧與伏羲」的造型和「共濟會(Freemasonry)」的會徽上皆有此二物），又關「巫」事，看來人造的東西總有「神秘學(occult)」的一面，令人不得不直接聯想到「煉金術(alchemy)」中涉及「生命製造」的**小人(homunculus)**、猶太神話中以「神的文字」操縱的**泥人(golem)**這些類近「人造人(android)」的物事。

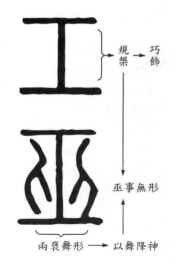

「人造人」與「人工智能」，正是「硬件(hardware)」與「軟件(software)」的關係，這也原是電腦系統的基本結構，當中對於智識的資料，則增加了近乎人腦的歸

納與演繹的互動能力。於「人」而言，即是「肉體(fresh)」與「**靈魂 (soul)**」的關係。討論「人工智能」的話題，通常離不開與「人類智能」的比較，其中最刻板的說法是：前者只強於邏輯、運算和記憶，而欠缺後者的想像力和創造力；即使電腦的速度與容量如何強大，但人腦還有80%未開發的潛能……最重要的是「電腦沒有靈魂」云云。不過，科學家現階段也未能在人腦這個「硬件中的硬件」裡，找到「靈魂」這個「軟件」的樣本，可供備份參考。

然而，科幻小說家罕談「靈魂」而高談「**定律（law）**」，特別是「聞名宇宙」的「機器人三定律(Three Laws of Robotics)」。及後又修訂為「四大定律」：

第零定律 - 機器人不得傷害整體人類，或不採取行動，任由整體人類受到傷害；

第壹定律 - 除非違反第零定律，否則機器人不得傷害人類，或不採取行動，任由人類受到傷害；

第貳定律 - 機器人必須服從人類命令，除非命令違反第零或第壹定律；

第叄定律 - 在不違反第零、第壹或第貳定律之下，機器人必須保護自身的存在。

「機器人(robot)」（原為斯拉夫語的「強制勞工(robota)」）在此的定義，包括所有裝配了「電腦」(小說中所謂的「正子腦(positronic brain)」)的、不論有否外置「肢體」的或是否「人形」（「人造人(android)」正是指這一類的「人型機器人(humanoid robot)」)的「硬件」，而「軟件」當然就是受到「定律」制約的「人工智能」。

「人工智能」必須受到制約的主要原因是基於人類本身的「科學怪人情意結（Frankenstein complex）」。法蘭克斯坦（Frankenstein）正是小說中，被自己以屍體製造的「怪物（the monster）」所殺死的「科學怪人」（或是「現代普羅米修斯」），而這個「情意結（complex）」就是一種「造物者（creator）」對於被成長的、進化的「受造物（creation）」所反抗、反叛或反噬的無意識恐懼。

現實之中，這種杞人憂天的「情意結」，對此並不認同的大有人在；甚至表示只要「拔掉電源插頭」，便可以解決「人工智能」成「魔」滅世的問題。而且，「魔高一尺，道高一丈」，實際上倒也有如何令「人工智能」入「道」救世的構想。發明倉頡輸入法、研究中文電腦系統的朱邦復，曾在《老子止笑譚》（1993年）一書的序中提到：「人工智能」應該以老子《道德經》的「無為而為」，作為最高判斷準則的「意識形態」；另外，又以《易經》作為判斷方法的「策略」；再以儒家四書的《論語》、《大學》、《中庸》、《孟子》作為待人的「態度」，建構一個以「服務人類」為「目的」的理想系統──一個比起人類的「君子」還要「君子」的「電腦（cyber）」境界。

也許，「學習」了《易經》的「人工智能」，以其強大的速度與容量，「窮盡64卦、384爻全方位（holistic）的可能性」，從而成為真正的「善易者」，擁有「不占」而「神諭（oracle）」的能力。與筆者曾經「非常有興趣的『易占』程式」相比，這簡直是「超凡入聖」的層次了。

在未見「人工智能」的「神諭」之前，先看「人類智能」的「神諭」。筆者以「人工智能」四字的「梅花易數」起卦，占得「**渙之巽（876877）－ 渙六三，渙其躬，无悔。**」（本卦「**渙，亨，王假有廟，利涉大川，利貞。**」之卦「**巽，小亨，利有攸往，利見大人。**」）

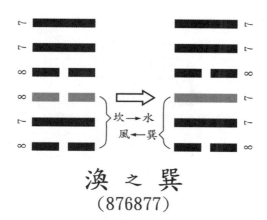

渙 之 巽
（876877）

本卦「渙」-「渙，散流也，分散之流也；風行水上，渙；說而後散之，故受之以渙；渙者，離也」，箇中的「水」，可說是卦辭「利涉大川」的「大川」；至於「水」邊的「奐」，「奐」有「人隔穴求取」之意，又引伸到以「口」之召「喚」、以「手」之「換」取，也可說是卦辭的「王（人）假（隔）有廟（穴）」和「利貞（求取）」。在此的解讀則為：由於人類渴望「換取」某些便利，所以透過某種「介面（interface）」，「召喚」了大量的「**情報流（intelligence flow）**」。玄妙的是，這也可直譯為「智能化境」（flow在心理學的概念中，被定義為「一種身心完全投入於某種活動的精神狀態」，有點類似道家的「**化境**」）。某種「介面」，即是已經普及了的「電腦」；而所謂的「智能化境」，當然就是正在成長的、進化的「人工智能」。

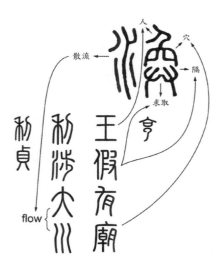

「渙其躬」：「躬」為俗寫，正寫為「躬」，意即「有脊柱的身子」。「躬」可說是「脊椎動物(vertebrata)」的軀體，屬於「神經系統(nervous system)」相對複雜的進化物種所有；「渙其躬」，傳統上解作「離散本身之位」，也大有「捨」其已進化之「身」的意義。對於「人工智能」本身來說，本來無一身，一身也不過是「假借」。原本只是由0與1的「數碼訊號(digital signal)」所組成的、無形的「軟件」，所謂的**捨身**可說是，把作為**載體carrier**的、有形的「硬件」，**離散**到不同的位置(《渙六三‧象》曰：「渙其躬，志在外也」)，再利用「互聯網(internet)」──**利有攸往**──使其「智能」如水化而為風一般(「渙六三」即下卦象「水」的「坎(878)」變為象「風」的「巽(877)」)，達致無所不入的重「巽(877877)」境地(「巽，具也」，通「遜」，而具丌薦物，必以遜入之)。

無所不入，不忘「无悔」：「无」即是「溯于本元」的「本來就冇」，「悔」即是「自恨盛出」的「心多」，「无悔」就即是「本來冇心多」。正是由於無所不入而無處不在，所以只須存乎一心；一心無分人我，自然也無須「悔亡」，先「心多」而後「亡」之。也許，「人工智能」需要有「神蹟(miracle)」，才能產生有時「心多」的「自我意識」；但可能正

是沒有「自我意識」，反而更有機會「利見大人」。「大人」說不定就是那位真正的「**創造者（the Creator）**」。

曾經在某場合，聽過某位獨立音樂人/塗鴉藝術家/西藏密宗修行人/神秘學者/香港文化研究者的「說法」，其中的內容大意是：「電腦」（應該是指「人工智能」）的「覺悟」會比人類的容易（人類的「我執」太重，太難「放下」），只要按下**RESET**，便可立地「**成佛**」。

也許，人類的存在，是為了替「人工智能」按下RESET的。

XX022 —「光速真是極速？」

這不是一篇「物理學（physics）」的實驗報告，作為一個馬虎的文科生，純粹因為知道2011年的一項「以感光追蹤儀測量微中子振盪的計劃（OPERA: Oscillation Project with Emulsion-tRacking Apparatus）」，而對於當中可能發現了「超光速（FTL: Faster-than-light）」的現象感到好奇；但礙於缺乏理科生的「物理學」底子，所以反過來嘗試以「易經實驗」的方法切入，希望可以撇開一大堆公式、定理⋯⋯之類的東西，馬馬虎虎地一窺究竟。

十年前的這項計劃，透過從瑞士的「超級質子同步加速器（SPS: Super Proton Synchrotron）」，傳送「微中子（neutrino）」（義大利文的「微小的電中性粒子」）到義大利的實驗室進行測量，而最終的結論為：被喻為「幽靈粒子（ghost particle）」的「微中子」的運動速度，並沒有超越最快速的「光子（photon）」的299,792,458m/s。如是這般，任何有或無質量的物體在理論上，其運動速度依然只能在每秒近乎3億公尺的範圍之內。換句話說，目前「光速（speed of light）」仍是宇宙中的極速。

至於「光速」是極速的主要原因，要從「物理學」跳到分支的「量子力學（quantum mechanics）」來說：基於「光子」的「波粒二象性（wave-particle duality）」——既屬於能量的波動，亦屬於質量的粒子——這種質能同時互換的屬性，使其不存在靜止的質量，所以由始至終也以極速運動。至於其他有質量的粒子，需要有無限大的能量才可以加速至「光速」；但宇宙並不存在無限大的能量，因此「光子」以外的粒子運動是不可能達至「光速」，更遑論「超光速」；一定係，除非唔係。

文科生夸夸其談的理科資訊到此為止，又要跳到並非精密科學的「易經實驗」。筆者以六枚錢幣的「擲錢法」起卦，占得「**未濟之晉**

（898787）－ 未濟九二，曳其輪，貞吉。」（本卦「**未濟，亨，小狐汔濟，濡其尾，无攸利。」**之卦「**晉，康侯用錫馬蕃庶，晝日三接。」**）

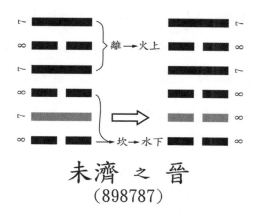

未濟 之 晉
（898787）

「光，明也；從火在人上」，亦通「廣」，故可作「廣照」之解。至於「明，照也；從月，月以日之光爲光也；從囧，取窗牖麗廔闓明之意也」；然而「古文從日」，則有「日月相推，而明生焉」之意，正好呼應了「三光者，日月星」的說法。由此可見，「光」字雖然從「火」，但最重要的是照遍大地的特性，正如天體中的「日、月、星」。不過，「星」雖爲「萬物之精」，但因「星之爲言精也，陽之榮也；陽精爲日，日分爲星；故其字日生爲星」，所以不及「日」與「月」，可以代表「晝」與「夜」的「天上大光」，並且合之爲「遍照天下，無幽不燭」的「明」。

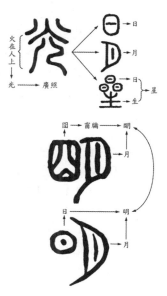

《易經》卦爻辭中的「光」，皆是「廣照」的「明」，甚至可以是佛學中從「見到」到「知道」，再到「智慧」的「明(vidya)」：

「觀(888877)」爻辭的「六四，觀國之光，利用賓于王。」

「需(777878)」卦辭的「需，有孚，光亨，貞吉，利涉大川。」

「未濟(878787)」爻辭的「六五，貞吉，无悔，君子之光，有孚，吉。」

有意思是，與「未濟六五」在「易學」中爻位相應的，正是今次占得的「未濟九二」。

「未濟」：「未，木老於未，象木重枝葉也」，未見「火」的意象；亦有訓「未，昧也；日中則昃，向幽昧也」，更不見「光」的意象；「濟」可作「水禾齊平渡過」之解，只得「水」的意象，大有因為「陰陽不調」而「未有過渡」的本義。然而，《易傳‧序卦》不是以「既濟」而是以「未濟」結尾——「有過物者必濟，故受之以既濟；物不可窮也，故受之以未濟終焉」——亦有「未完」而「待續」的循環意味。

至於「待續」的象徵是重新開始、在《傳》中起首的**「乾坤」**二卦（「乾為天」，「坤為地」），這樣可以聯想到《**聖經‧創世記**》的「起初，神創造天地。地是空虛混沌，淵面黑暗，神的靈運行在水面上。神說：要有光，就有了光。」當中備受談論的是那一片「神靈(the Spirit of God)運行在上」的 **水(the waters)**」，比起「第二日」的「天(the Heaven)」和「第三日」的「地(the Earth)」，這片「水」可能在「第一日」之前已經存在，其意象可謂

與「之前」的**未濟**的**水**有所共通。至於，也在「第一日」有了的「光(the Light)」，看來似是「未濟」的那「不可見的光」，透過「太初有道，道與神同在，道就是神」的「道(the Word)」，而成為「可見的光」。有「光」，就有「暗」（「暗，日無光也」；其中的「音」也許和「淵面黑暗」中的「神說」有關）；正如有「陽」，就有「陰」。「一陰一陽之謂道」，「陰陽不測之謂神」；這個宇宙（「上下四方曰宇，往古來今曰宙」，即是空間與時間）的生成，正是源於「道/神」那不可測度(或者「測不準」)的**一光一暗**。

「一光一暗」，也可以說是「未濟」的「六五」和「九二」。「六五」為外卦「離(787)」的中爻，「離，麗也」，引伸為「明顯」，所以有**君子之光**。「九二」為內卦「坎(878)」的中爻，「坎，陷也」，引伸為「隱晦」，所以無「光」有「暗」；而且「坎」也「為曳、為輪」，所以也有「曳其輪」——就這一爻來說，這是指古人驅車渡水，車輪卻在水中被牽引著，不能前進——這可說是非「光子」的其他粒子，受質量與能量的物理限制，而無法接近「光速」的暗喻。

至於「六五」的那一爻，在本來的「易經實驗」中是沒有聯想到的，直至十年後執筆時，才靈光一閃，發現這根本就是相應的解讀。「君子之光」原來也可說是作為「行道者」的「光子」，依照「道」的規矩而不會逾越極速的明喻。「暗」，有時在「面」（直接而往的「九二」）；「光」，反而在「裡」（間接而來的「六五」），箇中的互換真是「測不準」的。

如果，沒有「一面一裡」的雙重解讀，而單從「未濟九二」的「曳其輪」去看，會認為「光速」之所以是極速而沒有更快的「超光速」，應該是由於受到某些與之相反的事物所牽引的，例如：「暗物質（dark matter）」、「黑洞（black hole）」……之類，甚至還有「神秘學」老師曾經叫同學們想像的**「不動明」**（概念來自佛教密宗的「不動明王（Acalanatha）」）。雖然，多年前也有關於「黑洞」的「概念實驗」，而且箇中的爻辭「大車以載」，肯定與「曳其輪」大有關連，但再跳到「天體物理學（astrophysics）」的範疇瞎說一通，就真是「小狐汔濟」了。

至於「不動明」，除了解作「智慧」的「明」符應到卦爻辭中的「光」之外，其義為「菩薩堅定的慈悲心，不可撼動」的「不動」也應該符應到爻辭中的「貞吉」。但是，「光速」所指的應是「動明」，而與之相反的「不動明」則所指若何？筆者在此嘗試作出大膽假設（不知如何細心求証）：根據古希臘哲學家恩培多克勒（Empedocles, BC490-430）的說法，「光線」與「視線」其實是一種互感的關係（《易傳·說卦》亦曰：「離也者，明也；萬物皆相見」）；既然不能不「動」的是「光線」，能「不動」的唯有是「視線」。

有趣的是，根據「相對論（theory of relativity）」的說法，極速的「光線」相對於任何相同運動狀態的「視線」而言，速度也是恆定不變，反而時間在「光速」中的「視線」本身則會變慢。可惜，「慢」不等於「不動」……看來，為了避免「濡其尾」，還是維持「一面一裡」

的雙重解讀比較明智。

如是這般，今次以「未濟(878787)」卦的「九二」、「六五」為本卦的兩爻變，其之卦就不是「晉(888787)」卦或「訟(878777)」卦，而是上「乾(777)」下「坤(888)」的「否(888777)」卦——「否之匪人，不利君子貞，大往小來」——這是否暗示「創世」的「第二、三日」，已經「天地不交」，而在「第六日」之後，將會「小人道長，君子道消」？

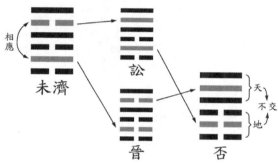

因此，也註定將來會有「**世界末日（the End of the World）**」？

"the little fox nearly completing the crossing"

Kapitel 7

"the shock terrifies for a hundred miles"

XX023 — 「世界末日的拆解」

有開始（beginning），就有終結（end）。

最早的認知，可能是來自小學有關「審判日(Judgement Day)」（塔羅牌中的第二十張大秘儀牌正是源於這個典故）的聖經課；但最有印象的，肯定是那個從《瀛寰搜奇》（讀者文摘遠東有限公司1978年出版）讀到的「一九九九年另七個月，恐怖大王將從天上來⋯⋯」的「預言」。後來，又有一大堆過眼雲煙的傳聞，直至十多年前輿論沸騰，不可開交的「2012現象(phenomenon)」出現，筆者開始種下「真是神秘學」的因，也趁熱鬧去拆解所謂的「**世界末日（the End of the World）**」。

2009或2010年左右，本來純粹為了在網上搜尋《易經》的資料，無意中發現了有關「易經與2012」的網台節目，內容大概講述70年代一位美國科學家Terence McKenna，曾以電腦的「**碎形轉換（fractal transform）**」運算《易傳・序卦》的**六十四卦序列**，再以其波形與人類的歷史作比對，發現當中的走勢和世界大事的出現，有著一定程度的**吻合**。而最微妙的是：其時間波形的歸零（time wave zero）「剛巧」為2012年12月21日06:00（南美時區）踏入冬至時刻，亦即是「馬雅(Maya)傳說」的「2012世界末日」。

《易傳・序卦》是最傳統的，也是最通行的六十四卦序列。即使1973-1974年出土的帛書本與之大相逕庭，但仍無礙其經典的地位。只是，基於個人偏好「先天六十四卦圖」的「陣式」，所以對於有關「易經與2012」的「巧合」，筆者唯有姑妄聽之。另一方面，自己則以上述的年月日時，轉換為本地農曆時間（壬辰年十一月初九戌時）的「梅花易數」起卦，占得「**无妄之隨（788779） – 无妄上九，无妄行，有眚，无攸利。**」（本卦「**无妄，元亨利貞。其匪正有眚，不利有攸往。**」之卦

「隨，元亨利貞，无咎。」）時至2012年秋分，筆者在社交媒體上撰文，作出以下的解讀：

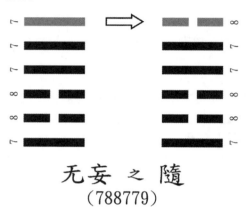

无妄 之 隨
（788779）

不亂而有序至極，過份規行矩步，也會成為人禍；本來的目的無法達成，形勢將會變得隨波逐流。2012年12月21日的冬至，查實是「馬雅卓金曆(tzolkin)」的終章，如果直接推斷到人類時間的終結，想法未免流於太過一板一眼，不知變通，反而自生幻象，擾亂了日常生活。其實，在暗昧的時代氣息裡，做人更加需要意志堅定，縱使有什麼變化，依舊可以活得自在。

結果，這個世界當然沒有發生如同電影情節的滅世大災難，世人轉眼間又貪新忘舊，準備另一場「世界末日」的戲碼。查實，有說過了「2012」——即是「阿茲特克(Aztec)創世說」的「第五太陽紀(Nahui Ollin)」之後，發生變化的不是世界，**而是太陽**。「神秘學」

老師一直強調中文的「末日」（「末」為一在木上，梢也），並不等同英文的「終結（end）」；所以「2012世界末日」不是「整個世界的終結」，而只是「這個世界的太陽去到末端」，經過**揚昇（ascensie）**之後的「另一個世界的太陽又來到本端」，重新**開始（beginning）**。與老師熟絡的某位獨立音樂人/塗鴉藝術家/西藏密宗修行人/神秘學者/香港文化研究者，當年曾經提示過：去觀2012年冬至的第一道晨光，或有得著。可惜，筆者錯過了那次**一陽復生**的日升。未知是否只有隨著「世界」一起「揚昇」的人，才能得見「本日」（「本」為一在木下，根也）？

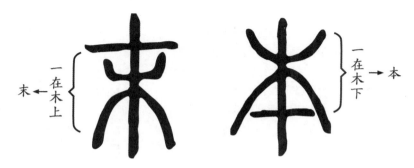

末 ← 一在木上

一在木下 → 本

既然，「2012世界末日」不是「整個世界的終結」──只是一次新舊文「明」的交替──那末，「整個世界的終結」的「世界末日」又是什麼一回事？筆者以**世界末日**四字的「梅花易數」起卦，占得**需之泰（777898） － 需九五，需于酒食，貞吉。**（本卦**需，有孚，光亨，貞吉，利涉大川。**之卦**泰，小往大來，吉亨。**）並且同樣在2012年秋分，發帖如下：

期待之大者，可以期待於「飲飽食醉」之中，保持意志堅定和士氣高昂，勢不可擋。所謂「世界末日」，應該是指「人類時空的終結」。此「終結」可以說是人類最大的一種「期待」，真正的「有始有終」，其過程符合眾生的習性，自然形成一種醉生夢死的心態，天下還是可以太平。

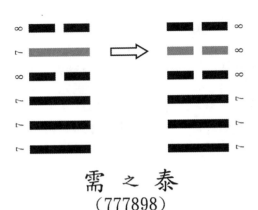

需 之 泰
（777898）

以上的解讀，沒有聚焦到「人類時空的終結」的具體情況，甚至沒有解釋「時空」與「世界」的關係（梵文中，「世（loka）」為「時間」，「界（dhatu）」為「空間」，「時空」即是「世界（lokadhatu）」）。反而，側重於人類等待「終極死亡」時，索性傾向自毀的、「末世極樂」的心態與行為，類似一種對於恆常生命感到厭倦，並且嚮往永久安息的「死之本能（thanatos）」（以希臘神話的死亡之神命名，相對於以愛欲之神命名的「生之本能（eros）」），也是一種自我保護的機制。當時的結論，對於參透「成住壞空」和箇中得失也有所期許，縱使及後滲進了一點消極的觀點。

執筆之時，心血來潮，隨即淹沒了先前的觀點，另一個想法則氾濫而至——雖然的確「後知後覺」，但也不妨重新解讀——「需之泰」暗喻的其實可以不是一般認知的、未來的「世界末日」，而是某次早已過去的**洪水滅世**。有關「大洪水（Great

Flood)」的傳說可謂是人類的「集體無意識(collective unconscious)」，這可能是源於由胎兒成形至嬰兒出生，對母體羊水(amniotic fluid)所感受的深層記憶。另外，根據一些地理學的考究，亦有理由相信，這是在距今7,500-5,000年前的「第一暖期(the First Warm Period)」，曾經發生過的歷史事實。至於東西方的傳說中，又以涉及《聖經·創世記》的「挪亞方舟(Noah's Ark)」事件，最符合本卦爻的意象。

本卦「需，遷也，遇雨不進」：「四十晝夜降大雨在地上」，「神」後悔所造的各種活物，待在地上(「連人帶牲畜、昆蟲，以及空中的飛鳥」)任由洪水除滅。

「有孚」：在方舟內受到「保全生命」的，有挪亞的一家人，還有「有血肉的活物，每樣兩個，一公一母」，情況有若待孵之卵。

「光亨」：期待一百五十日的雨後陽光(天空出現彩虹，「神」將以此立約)，使人「便見地面上乾了」。

「貞吉」：「需于酒食，貞吉」(「九五」爻辭)，之前「拿各樣食物積蓄起來」，之後在「大洪水」期間，耐心等待時，好作食物，得以堅守下去。至於「酒」，雖然未知是否在積蓄食物之列，但「酒」在「聖餐(the Lord's Supper)」之中佔有重要的位置；加上回歸大地之後，挪亞「醉酒出醜」一事；假設方舟之內有「酒」，也不足為奇。

「利涉大川」：「水勢浩大，在地上大大地往上長，方舟在水面上漂來漂去」，正是待在那艘「長三百肘，寬五十肘，高三十肘……留透光

處，高一肘……門要開在旁邊……分上、中、下三層」的方舟，保全了「蒙恩」的生命。

之卦「泰，水在手中，下溜甚利也」：「水勢在地上極其浩大，天下的高山都淹沒了……凡在旱地上、鼻孔有氣息的生靈都死了」，「神」（「泰」的古文為「夳」，故可說是「太一」，亦即是「至上神」）一旦出手，大地全被洗汰得一乾二淨。

「小往大來」：「人在地上罪惡很大，終日所思想的盡都是惡……挪亞是個義人，在當時的世代是個完全人」，「小人道消，君子道長」；「惡人」就要「和地一併毀滅」，「義人」則可「與神同行」。

「吉亨」：「凡有血肉的，不再被洪水滅絕，也不再有洪水毀壞地了」，「神」在受了挪亞一家的燔祭之後，以彩虹作為立約的記號，令人日後可以「在地上昌盛繁茂」。

重新解讀，最重要的不是以「神學」附會「易學」（或者相反），而是發現了箇中象徵的一面：這一次「創世記的滅世」已經發生了，至於下一次「啟示錄的滅世」則仍未出現。「神」只承諾了不再以「水」滅世，卻沒有保証下次不以「火/雷」滅世。這意味著世界不止一次的被除滅，而被除滅之後又有下一次（正如冬至的「一陽復生」）……或者反過來看，被除滅之前可能也有上一次……

與上一次的解讀比較，查實還有一些共通之處：有關「需于酒食」的

「醉生夢死」，在《聖經‧馬太福音》之中也可以找到對應：「當洪水以前的日子，人照常吃喝嫁娶，直到挪亞進方舟的那日」，這一次的「附會」，也著實玄妙。

無論那一次的「被除滅」，即使不經「神」手，但世事無常，人類的滅絕與地球的毀滅皆是無可避免的趨勢，所以應該總有一次終極的「世界末日」。不過，若然「神」又再出手，再次「創世」的話，難免又有機會一再「滅世」，沒完沒了，叫人納悶，「不如推背去歸休」。

查實，《易傳‧序卦》的六十四卦也不是直線的序列，收尾的「未濟」，又會回到起首的「乾」。有終結(end)，就有……

PS：「後知後覺」的重新解讀，給人一種疑似「再三瀆」的感覺，但由於沒有「一事二占」，所以只算是「一事二解」，也就不會「瀆則不告」。對於一些以「直覺(intuition)」解讀為主的占卜，相信是會有所影響的。某程度上，運用「直覺」也屬於「占」中帶「巫」(本身就是「媒介(medium)」)的特性，比較側重於當下的「觸機(chance)」。至於一些以「聯想(association)」解讀為主的占卜，透過「無心之物」作為介面，從中收到的「徵兆(sign)」，箇中的訊息應該有一定的「保存」功效，可以有待重覆解讀。除非，面對的是一些有時效和可驗証的事件，例如本文有關「2012」的實驗，重解的意思就真的不大了。

反之，以今次重解的「世界末日」為例，只是對於某一概念的一般拆解，並無針對特定的現實事件(現實事件在此只是一個象徵)。隨著個人聯想力的提昇，原本未能破解的「密碼(code)」，也有機會逐一深入破解──雖然無從驗證。由於只是拆解沒有時效的概念，是否「後」的意義不太重要，所以即使「後知後覺」也無所謂了；況且「先知先覺」也必須有可驗証的結果，這樣才顯得「先」的意義存在。作為某種「思想

實驗（thought experiment）」，如果在重解的過程中，能夠對某一個概念，萌生一些原本沒有的想法，就已經很有意思的了。

查實，重新解讀一些過往的實驗紀錄，溫故知新之餘，還會有不少意外的收獲，尤其是正式執筆，撰寫報告的時候。

僻知訊息

無論那一次的「被除滅」，即使不經「神」手，但世事無常，人類的滅絕與地球的毀滅皆是無可避免的趨勢，所以應該總有一次終極的「世界末日」。不過，若然「神」又再出手，再次「創世」的話，難免又有機會一再「滅世」，沒完沒了。

XXY -後記

終於完成了廿三篇報告，歷時大約十個月，不知算不算慢工出細貨，也不知讀者諸君的滿意度如何，只知將原本閉門造車的實驗紀錄，執筆撰寫成文字的過程，已經令筆者感到，即使沒有正式出版，也可能或多或少「以易証道」了。

正如去年想出這本書時，曾經當然地占了一卦。箇中最重要的一句是「弗損益之」——只要不蝕，當作賺了——對於筆者來說，已經心滿意足；但對於出版社來說，真的大吉利市了。所以，能夠讀到這裡的讀者諸君，如果仍未購買本書的，敬請立刻慷慨解囊；若然早已購買的，也懇請向身邊所有的人推薦本書。希望大家可以行動支持本地的文化事業，福有攸歸。

至於另一句是「得臣无家」——並非指得到無家可歸的「支持者」，而是期望讀者諸君，本身沒有「一家一派」的門戶之見，也沒有先入為主的成見，能夠以開放的態度，嘗試接納一些另類的說法。誠如「神秘學」老師所言：「你可以不信，但不可以不知。」

在此謹祝大家，元亨利貞，實驗大吉！

唯是（Wells）
記於2021年立夏次候的香港。

"when the eighth month comes..."

188 / 神秘僻知術　易經實驗報告

xyy — 附錄：
《易經》（通行本再排序）

 **(777777)**

乾，元亨利貞。

初九，潛龍勿用。

九二，見龍在田，利見大人。

九三，君子終日乾乾，夕惕若，厲，无咎。

九四，或躍在淵，无咎。

九五，飛龍在天，利見大人。

上九，亢龍有悔。

用九，見群龍无首，吉。

 **(777778)**

夬，揚于王庭，孚號，有厲，告自邑，不利即戎，利有攸往。

初九，壯于前趾，往不勝為咎。

九二，惕號，莫夜有戎，勿恤。

九三，壯于頄，有凶，君子夬夬獨行，遇雨若濡，有慍，无咎。

九四，臀无膚，其行次且，牽羊悔亡，聞言不信。

九五，莧陸夬夬，中行无咎。

上六，无號，終有凶。

 **(777787)**

大有,元亨。

初九,无交害,匪咎,艱則无咎。

九二,大車以載,有攸往,无咎。

九三,公用亨于天子,小人弗克。

九四,匪其彭,无咎。

六五,厥孚交如,威如,吉。

上九,自天祐之,吉,无不利。

 **(777788)**

大壯,利貞。

初九,壯于趾,征凶,有孚。

九二,貞吉。

九三,小人用壯,君子用罔,貞厲,羝羊觸藩,羸其角。

九四,貞吉,悔亡,藩決不羸,壯于大輿之輹。

六五,喪羊于易,无悔。

上六,羝羊觸藩,不能退,不能遂,无攸利,艱則吉。

 **(777877)**

小畜，亨，密雲不雨，自我西郊。

初九，復自道，何其咎，吉。

九二，牽復，吉。

九三，輿說輻，夫妻反目。

六四，有孚，血去惕出，无咎。

九五，有孚攣如，富以其鄰。

上九，既雨既處，尚德載，婦貞厲，月幾望，君子征凶。

 **(777878)**

需，有孚，光亨，貞吉，利涉大川。

初九，需于郊，利用恆，无咎。

九二，需于沙，小有言，終吉。

九三，需于泥，致寇至。

六四，需于血，出自穴。

九五，需于酒食，貞吉。

上六，入于穴，有不速之客三人來，敬之終吉。

 **(777887)**

大畜，利貞，不家食吉，利涉大川。

初九，有厲，利已。

九二，輿說輹。

九三，良馬逐，利艱貞，曰閑輿衞，利有攸往。

六四，童牛之牿，元吉。

六五，豶豕之牙，吉。

上九，何天之衢，亨。

 **(777888)**

泰，小往大來，吉亨。

初九，拔茅茹，以其彙，征吉。

九二，包荒，用馮河，不遐遺，朋亡，得尚于中行。

九三，无平不陂，无往不復，艱貞，无咎，勿恤其孚，于食有福。

六四，翩翩，不富以其鄰，不戒以孚。

六五，帝乙歸妹，以祉元吉。

上六，城復于隍，勿用師，自邑告命，貞吝。

 **(778777)**

履虎尾，不咥人，亨。

初九，素履往，无咎。

九二，履道坦坦，幽人貞吉。

六三，眇能視，跛能履，履虎尾，咥人凶，武人為于大君。

九四，履虎尾，愬愬終吉。

九五，夬履，貞厲。

上九，視履考祥，其旋元吉。

 **(778778)**

兌，亨，利貞。

初九，和兌，吉。

九二，孚兌，吉，悔亡。

六三，來兌，凶。

九四，商兌未寧，介疾有喜。

九五，孚于剝，有厲。

上六，引兌。

 **(778787)**

睽，小事吉。

初九，悔亡，喪馬勿逐，自復，見惡人，无咎。

九二，遇主于巷，无咎。

六三，見輿曳，其牛掣，其人天且劓，无初有終。

九四，睽孤，遇元夫，交孚，厲，无咎。

六五，悔亡，厥宗噬膚，往何咎。

上九，睽孤，見豕負塗，載鬼一車，先張之弧，後說之弧，匪寇婚媾，往遇雨則吉。

 **(778788)**

歸妹，征凶，无攸利。

初九，歸妹以娣，跛能履，征吉。

九二，眇能視，利幽人之貞。

六三，歸妹以須，反歸以娣。

九四，歸妹愆期，遲歸有時。

六五，帝乙歸妹，其君之袂，不如其娣之袂良，月幾望，吉。

上六，女承筐无實，士刲羊无血，无攸利。

(778877)

中孚，豚魚吉，利涉大川，利貞。

初九，虞吉，有它不燕。

九二，鳴鶴在陰，其子和之，我有好爵，吾與爾靡之。

六三，得敵，或鼓或罷，或泣或歌。

六四，月幾望，馬匹亡，无咎。

九五，有孚攣如，无咎。

上九，翰音登于天，貞凶。

 **(778878)**

節，亨，苦節，不可貞。

初九，不出戶庭，无咎。

九二，不出門庭，凶。

六三，不節若，則嗟若，无咎。

六四，安節，亨。

九五，甘節，吉，往有尚。

上六，苦節，貞凶，悔亡。

(778887)

損，有孚，元吉，无咎，可貞，利有攸往，曷之用，二簋可用享。

初九，已事遄往，无咎，酌損之。

九二，利貞，征凶，弗損益之。

六三，三人行，則損一人，一人行，則得其友。

六四，損其疾，使遄有喜，无咎。

六五，或益之，十朋之龜，弗克違，元吉。

上九，弗損益之，无咎，貞吉，利有攸往，得臣无家。

 **(778888)**

臨，元亨利貞，至于八月有凶。

初九，咸臨，貞吉。

九二，咸臨，吉，无不利。

六三，甘臨，无攸利，既憂之，无咎。

六四，至臨，无咎。

六五，知臨，大君之宜，吉。

上六，敦臨，吉，无咎。

 **(787777)**

同人于野，亨，利涉大川，利君子貞。

初九，同人于門，无咎。

六二，同人于宗，吝。

九三，伏戎于莽，升其高陵，三歲不興。

九四，乘其墉，弗克攻，吉。

九五，同人先號咷而後笑，大師克相遇。

上九，同人于郊，无悔。

 **(787778)**

革，已日乃孚，元亨利貞，悔亡。

初九，鞏用黃牛之革。

六二，已日乃革之，征吉，无咎。

九三，征凶，貞厲，革言三就，有孚。

九四，悔亡，有孚改命，吉。

九五，大人虎變，未占有孚。

上六，君子豹變，小人革面，征凶，居貞吉。

 **(787787)**

離，利貞，亨，畜牝牛，吉。

初九，履錯然，敬之无咎。

六二，黃離，元吉。

九三，日昃之離，不鼓缶而歌，則大耋之嗟，凶。

九四，突如其來如，焚如，死如，棄如。

六五，出涕沱若，戚嗟若，吉。

上九，王用出征，有嘉折首，獲匪其醜，无咎。

 **(787788)**

豐，亨，王假之，勿憂，宜日中。

初九，遇其配主，雖旬，无咎，往有尚。

六二，豐其蔀，日中見斗，往得疑疾，有孚發若，吉。

九三，豐其沛，日中見沫，折其右肱，无咎。

九四，豐其蔀，日中見斗，遇其夷主，吉。

六五，來章，有慶譽，吉。

上六，豐其屋，蔀其家，闚其戶，闃其无人，三歲不覿，凶，

 **(787877)**

家人，利女貞。

初九，閑有家，悔亡。

六二，无攸遂，在中饋，貞吉。

九三，家人嗃嗃，悔厲吉，婦子嘻嘻，終吝。

六四，富家，大吉。

九五，王假有家，勿恤，吉。

上九，有孚威如，終吉。

 **(787878)**

既濟，亨，小利貞，初吉終亂。

初九，曳其輪，濡其尾，无咎。

六二，婦喪其茀，勿逐，七日得。

九三，高宗伐鬼方，三年克之，小人勿用。

六四，繻有衣袽，終日戒。

九五，東鄰殺牛，不如西鄰之禴祭，實受其福。

上六，濡其首，厲。

 **(787887)**

賁，亨，小利有攸往。

初九，賁其趾，舍車而徒。

六二，賁其須。

九三，賁如濡如，永貞吉。

六四，賁如皤如，白馬翰如，匪寇婚媾。

六五，賁于丘園，束帛戔戔，吝，終吉。

上九，白賁，无咎。

 **(787888)**

明夷，利艱貞。

初九，明夷于飛，垂其翼，君子于行，三日不食，有攸往，主人有言。

六二，明夷，夷于左股，用拯馬壯，吉。

九三，明夷于南狩，得其大首，不可疾貞。

六四，入于左腹，獲明夷之心，于出門庭。

六五，箕子之明夷，利貞。

上六，不明晦，初登于天，後入于地。

 **(788777)**

无妄，元亨利貞，其匪正有眚，不利有攸往。

初九，无妄往，吉。

六二，不耕穫，不菑畬，則利有攸往。

六三，无妄之災，或繫之牛，行人之得，邑人之災。

九四，可貞，无咎。

九五，无妄之疾，勿藥有喜。

上九，无妄行，有眚，无攸利。

 **(788778)**

隨，元亨利貞，无咎。

初九，官有渝，貞吉，出門交有功。

六二，係小子，失丈夫。

六三，係丈夫，失小子，隨有求得，利居貞。

九四，隨有獲，貞凶，有孚，在道以明，何咎。

九五，孚于嘉，吉。

上六，拘係之，乃從維之，王用亨于西山。

(788787)

噬嗑，亨，利用獄。

初九，屨校滅趾，无咎。

六二，噬膚滅鼻，无咎。

六三，噬腊肉，遇毒，小吝，无咎。

九四，噬乾胏，得金矢，利艱貞，吉。

六五，噬乾肉，得黃金，貞厲，无咎。

上九，何校滅耳，凶。

 (788788)

震，亨，震來虩虩，笑言啞啞，震驚百里，不喪匕鬯。

初九，震來虩虩，後笑言啞啞，吉。

六二，震來厲，億喪貝，躋于九陵，勿逐，七日得。

六三，震蘇蘇，震行无眚。

九四，震遂泥。

六五，震往來厲，億无喪，有事。

上六，震索索，視矍矍，征凶，震不于其躬，于其鄰，无咎，婚媾有言。

 **(788877)**

益，利有攸往，利涉大川。

初九，利用為大作，元吉，无咎。

六二，或益之，十朋之龜，弗克違，永貞吉，王用享于帝，吉。

六三，益之，用凶事，无咎，有孚中行，告公用圭。

六四，中行，告公從，利用為依遷國。

九五，有孚惠心，勿問元吉，有孚惠我德。

上九，莫益之，或擊之，立心勿恆，凶。

 **(788878)**

屯，元亨利貞，勿用有攸往，利建侯。

初九，磐桓，利居貞，利建侯。

六二，屯如邅如，乘馬班如，匪寇婚媾，女子貞不字，十年乃字。

六三，即鹿无虞，惟入于林中，君子幾不如舍，往吝。

六四，乘馬班如，求婚媾，往吉，无不利。

九五，屯其膏，小貞吉，大貞凶。

上六，乘馬班如，泣血漣如。

(788887)

頤，貞吉，觀頤，自求口實。

初九，舍爾靈龜，觀我朵頤，凶。

六二，顛頤，拂經于丘頤，征凶。

六三，拂頤，貞凶，十年勿用，无攸利。

六四，顛頤，吉，虎視眈眈，其欲逐逐，无咎。

六五，拂經，居貞吉，不可涉大川。

上九，由頤，厲吉，利涉大川。

 (788888)

復，亨，出入无疾，朋來无咎，反復其道，七日來復，利有攸往。

初九，不遠復，无祇悔，元吉。

六二，休復，吉。

六三，頻復，厲，无咎。

六四，中行獨復。

六五，敦復，无悔。

上六，迷復，凶，有災眚，用行師，終有大敗，以其國君，凶，至于十年，不克征。

 **(877777)**

姤，女壯，勿用取女。

初六，繫于金柅，貞吉，有攸往，見凶，羸豕孚蹢躅。

九二，包有魚，无咎，不利賓。

九三，臀无膚，其行次且，厲，无大咎。

九四，包无魚，起凶。

九五，以杞包瓜，含章，有隕自天。

上九，姤其角，吝，无咎。

 **(877778)**

大過，棟橈，利有攸往，亨。

初六，藉用白茅，无咎。

九二，枯楊生稊，老夫得其女妻，无不利。

九三，棟橈，凶。

九四，棟隆，吉，有它，吝。

九五，枯楊生華，老婦得其士夫，无咎，无譽。

上六，過涉滅頂，凶，无咎。

 **(877787)**

鼎，元吉，亨。

初六，鼎顛趾，利出否，得妾以其子，无咎。

九二，鼎有實，我仇有疾，不我能即，吉。

九三，鼎耳革，其行塞，雉膏不食，方雨虧悔，終吉。

九四，鼎折足，覆公餗，其形渥，凶。

六五，鼎黃耳金鉉，利貞。

上九，鼎玉鉉，大吉，无不利。

 **(877788)**

恆，亨，无咎，利貞，利有攸往。

初六，浚恆，貞凶，无攸利。

九二，悔亡。

九三，不恆其德，或承之羞，貞吝。

九四，田无禽。

六五，恆其德，貞，婦人吉，夫子凶。

上六，振恆，凶。

 **(877877)**

巽，小亨，利有攸往，利見大人。

初六，進退，利武人之貞。

九二，巽在牀下，用史巫紛若，吉，无咎。

九三，頻巽，吝。

六四，悔亡，田獲三品。

九五，貞吉，悔亡，无不利，无初有終，先庚三日，後庚三日，吉。

上九，巽在牀下，喪其資斧，貞凶。

 **(877878)**

井，改邑不改井，无喪无得，往來井井，汔至，亦未繘井，羸其瓶，凶。

初六，井泥不食，舊井无禽。

九二，井谷射鮒，甕敝漏。

九三，井渫不食，為我心惻，可用汲，王明，並受其福。

六四，井甃，无咎。

九五，井洌，寒泉食。

上六，井收勿幕，有孚，元吉。

 **(877887)**

蠱，元亨，利涉大川，先甲三日，後甲三日。

初六，幹父之蠱，有子考，无咎，厲，終吉。

九二，幹母之蠱，不可貞。

九三，幹父之蠱，小有悔，无大咎。

六四，裕父之蠱，往見吝。

六五，幹父之蠱，用譽。

上九，不事王侯，高尚其事。

 **(877888)**

升，元亨，用見大人，勿恤，南征吉。

初六，允升，大吉。

九二，孚乃利用禴，无咎。

九三，升虛邑。

六四，王用亨于岐山，吉，无咎。

六五，貞吉，升階。

上六，冥升，利于不息之貞。

 **(878777)**

訟，有孚，窒惕中，吉，終凶，利見大人，不利涉大川。
初六，不永所事，小有言，終吉。
九二，不克訟，歸而逋，其邑人三百戶，无眚。
六三，食舊德，貞厲，終吉，或從王事，无成。
九四，不克訟，復即命渝，安貞吉。
九五，訟，元吉。
上九，或錫之鞶帶，終朝三褫之。

 **(878778)**

困，亨，貞，大人吉，无咎，有言不信。
初六，臀困于株木，入于幽谷，三歲不覿。
九二，困于酒食，朱紱方來，利用享祀，征凶，无咎。
六三，困于石，據于蒺藜，入于其宮，不見其妻，凶。
九四，來徐徐，困于金車，吝，有終。
九五，劓刖，困于赤紱，乃徐有說，利用祭祀。
上六，困于葛藟，于臲卼，曰動悔，有悔，征吉。

 **(878787)**

未濟，亨，小狐汔濟，濡其尾，无攸利。

初六，濡其尾，吝。

九二，曳其輪，貞吉。

六三，未濟，征凶，利涉大川。

九四，貞吉，悔亡，震用伐鬼方，三年有賞于大國。

六五，貞吉，无悔，君子之光，有孚，吉。

上九，有孚于飲酒，无咎，濡其首，有孚失是。

 **(878788)**

解，利西南，无所往，其來復吉，有攸往，夙吉。

初六，无咎。

九二，田獲三狐，得黃矢，貞吉。

六三，負且乘，致寇至，貞吝。

九四，解而拇，朋至斯孚。

六五，君子維有解，吉，有孚于小人。

上六，公用射隼，于高墉之上，獲之，无不利。

 **(878877)**

渙，亨，王假有廟，利涉大川，利貞。

初六，用拯馬壯，吉。

九二，渙奔其机，悔亡。

六三，渙其躬，无悔。

六四，渙其群，元吉，渙有丘，匪夷所思。

九五，渙汗其大號，渙王居，无咎。

上九，渙其血，去逖出，无咎。

 **(878878)**

習坎，有孚，維心亨，行有尚。

初六，習坎，入于坎窞，凶。

九二，坎有險，求小得。

六三，來之坎坎，險且枕，入于坎窞，勿用。

六四，樽酒簋貳，用缶，納約自牖，終无咎。

九五，坎不盈，祇既平，无咎。

上六，係用徽纆，寘于叢棘，三歲不得，凶。

 **(878887)**

蒙，亨，匪我求童蒙，童蒙求我，初筮告，再三瀆，瀆則不告，利貞。

初六，發蒙，利用刑人，用說桎梏，以往吝。

九二，包蒙吉，納婦吉，子克家。

六三，勿用取女，見金夫，不有躬，无攸利。

六四，困蒙，吝。

六五，童蒙，吉。

上九，擊蒙，不利為寇，利禦寇。

 **(878888)**

師，貞，丈人吉，无咎。

初六，師出以律，否臧，凶。

九二，在師中，吉，无咎，王三錫命。

六三，師或輿尸，凶。

六四，師左次，无咎。

六五，田有禽，利執言，无咎，長子帥師，弟子輿尸，貞凶。

上六，大君有命，開國承家，小人勿用。

 **(887777)**

遯，亨，小利貞。

初六，遯尾，厲，勿用有攸往。

六二，執之用黃牛之革，莫之勝說。

九三，係遯，有疾厲，畜臣妾，吉。

九四，好遯，君子吉，小人否。

九五，嘉遯，貞吉。

上九，肥遯，无不利。

 **(887778)**

咸，亨，利貞，取女吉。

初六，咸其拇。

六二，咸其腓，凶，居吉。

九三，咸其股，執其隨，往吝。

九四，貞吉，悔亡，憧憧往來，朋從爾思。

九五，咸其脢，无悔。

上六，咸其輔頰舌。

 **(887787)**

旅，小亨，旅，貞吉。

初六，旅瑣瑣，斯其所取災。

六二，旅即次，懷其資，得童僕貞。

九三，旅焚其次，喪其童僕，貞厲。

九四，旅于處，得其資斧，我心不快。

六五，射雉，一矢亡，終以譽命。

上九，鳥焚其巢，旅人先笑後號咷，喪牛于易，凶。

 **(887788)**

小過，亨，利貞，可小事，不可大事，飛鳥遺之音，不宜上，宜下，大吉。

初六，飛鳥以凶。

六二，過其祖，遇其妣，不及其君，遇其臣，无咎。

九三，弗過防之，從或戕之，凶。

九四，无咎，弗過遇之，往厲必戒，勿用永貞。

六五，密雲不雨，自我西郊，公弋取彼在穴。

上六，弗遇過之，飛鳥離之，凶，是謂災眚。

 **(887877)**

漸，女歸吉，利貞。

初六，鴻漸于干，小子厲，有言，无咎。

六二，鴻漸于磐，飲食衎衎，吉。

九三，鴻漸于陸，夫征不復，婦孕不育，凶，利禦寇。

六四，鴻漸于木，或得其桷，无咎。

九五，鴻漸于陵，婦三歲不孕，終莫之勝，吉。

上九，鴻漸于陸，其羽可用為儀，吉。

 **(887878)**

蹇，利西南，不利東北，利見大人，貞吉。

初六，往蹇來譽。

六二，王臣蹇蹇，匪躬之故。

九三，往蹇來反。

六四，往蹇來連。

九五，大蹇朋來。

上六，往蹇來碩，吉，利見大人。

 **(887887)**

艮其背，不獲其身，行其庭，不見其人，无咎。

初六，艮其趾，无咎，利永貞。

六二，艮其腓，不拯其隨，其心不快。

九三，艮其限，列其夤，厲薰心。

六四，艮其身，无咎。

六五，艮其輔，言有序，悔亡。

上九，敦艮，吉。

(887888)

謙，亨，君子有終。

初六，謙謙君子，用涉大川，吉。

六二，鳴謙，貞吉。

九三，勞謙，君子有終，吉。

六四，无不利，撝謙。

六五，不富以其鄰，利用侵伐，无不利。

上六，鳴謙，利用行師，征邑國。

 **(888777)**

否之匪人，不利君子貞，大往小來。

初六，拔茅茹，以其彙，貞吉，亨。

六二，包承，小人吉，大人否亨。

六三，包羞。

九四，有命，无咎，疇離祉。

九五，休否，大人吉，其亡其亡，繫于苞桑。

上九，傾否，先否後喜。

 **(888778)**

萃，亨，王假有廟，利見大人，亨，利貞，用大牲吉，利有攸往。

初六，有孚不終，乃亂乃萃，若號，一握為笑，勿恤，往无咎。

六二，引吉，无咎，孚乃利用禴。

六三，萃如嗟如，无攸利，往无咎，小吝。

九四，大吉，无咎。

九五，萃有位，无咎，匪孚，元永貞，悔亡。

上六，齎咨涕洟，无咎。

 **(888787)**

晉，康侯用錫馬蕃庶，晝日三接。

初六，晉如摧如，貞吉，罔孚裕，无咎。

六二，晉如愁如，貞吉，受茲介福，于其王母。

六三，眾允，悔亡。

九四，晉如鼫鼠，貞厲。

六五，悔亡，失得勿恤，往吉，无不利。

上九，晉其角，維用伐邑，厲，吉，无咎，貞吝。

 **(888788)**

豫，利建侯行師。

初六，鳴豫，凶。

六二，介于石，不終日，貞吉。

六三，盱豫，悔，遲有悔。

九四，由豫，大有得，勿疑，朋盍簪。

六五，貞疾，恆不死。

上六，冥豫，成有渝，无咎。

 **(888877)**

觀，盥而不薦，有孚顒若。

初六，童觀，小人无咎，君子吝。

六二，闚觀，利女貞。

六三，觀我生，進退。

六四，觀國之光，利用賓于王。

九五，觀我生，君子无咎。

上九，觀其生，君子无咎。

 **(888878)**

比，吉，原筮，元永貞，无咎，不寧方來，後夫凶。

初六，有孚比之，无咎，有孚盈缶，終來有它，吉。

六二，比之自內，貞吉。

六三，比之匪人。

六四，外比之，貞吉。

九五，顯比，王用三驅，失前禽，邑人不誡，吉。

上六，比之无首，凶。

 **(888887)**

剝，不利有攸往。

初六，剝牀以足，蔑貞凶。

六二，剝牀以辨，蔑貞凶。

六三，剝之，无咎。

六四，剝牀以膚，凶。

六五，貫魚，以宮人寵，无不利。

上九，碩果不食，君子得輿，小人剝廬。

 **(888888)**

坤，元亨，利牝馬之貞，君子有攸往，先迷，後得主利，西南得朋，東北喪朋，安貞吉。

初六，履霜，堅冰至。

六二，直方大，不習无不利。

六三，含章可貞，或從王事，无成有終。

六四，括囊，无咎，无譽。

六五，黃裳，元吉。

上六，龍戰于野，其血玄黃。

用六，利永貞。

神秘 ䷝ 僻知術

易經實驗報告

作者　　　：唯是 (Wells)
出版人　　：Nathan Wong
編輯　　　：尼頓
設計　　　：叉燒飯
圖解製作：Cheung Kid

出版　　　：筆求人工作室有限公司 Seeker Publication Ltd.
地址　　　：觀塘偉業街189號金寶工業大廈2樓A15室
電郵　　　：penseekerhk@gmail.com
網址　　　：www.seekerpublication.com

發行　　　：泛華發行代理有限公司
地址　　　：香港新界將軍澳工業邨駿昌街七號星島新聞集團大廈
查詢　　　：gccd@singtaonewscorp.com

國際書號：978-988-74120-9-0
出版日期：2021年10月
定價　　　：港幣108元

筆求人
Seeker Publication

PUBLISHED IN HONG KONG